精准写作

20堂写作思考力训练课

洪震宇 著

中国青年出版社
CHINA YOUTH PRESS
中青文传媒

图书在版编目(CIP)数据

精准写作：20堂写作思考力训练课／洪震宇著.
—北京：中国青年出版社，2021.4
ISBN 978-7-5153-6279-3
Ⅰ.①精… Ⅱ.①洪… Ⅲ.①汉语－写作 Ⅳ.①H15
中国版本图书馆 CIP 数据核字（2020）第262882号

精准写作：
20堂写作思考力训练课

作　　者： 洪震宇
策划编辑： 翟平华
责任编辑： 庞冰心
文字编辑： 刘凤怡　张祎琳
美术编辑： 佟雪莹
出　　版： 中国青年出版社
发　　行： 北京中青文文化传媒有限公司
电　　话： 010-65511270／65516873
公司网址： www.cyb.com.cn
购书网址： zqwts.tmall.com
印　　刷： 河北华商印刷有限公司
版　　次： 2021年4月第1版
印　　次： 2021年4月第1次印刷
开　　本： 880×1230　　1／32
字　　数： 168千字
印　　张： 8
京权图字： 01-2020-3663
书　　号： ISBN 978-7-5153-6279-3
定　　价： 49.00元

CONTENTS 目录

前　言

写作，人人必备的基本能力

我曾是骄傲的写作者。写作，的确是一种容易让人骄傲的能力，它代表着拥有知识与表达的能力。10年前我离开了媒体行业，我想知道，除了写作之外，人生还有什么可能性。

在写作之外，我学到了很多东西。我要大量接触不同的人，穿梭在各种场合，从市场、庙口、田里、海边、餐厅、演讲厅到教室，我需要打开感知天线去了解旅人、听众与学员的需求，为何开心、为何失神、为何感动。这些在现场的真实反馈，帮助我不断修正调整，精进自己的表达与引导能力。

写作反而是我的副产品。10年来，我出了7本不同主题的书，这是满足我的好奇心、了解这个世界、跟世界沟通的一种方式。

我的写作能力也随着时间不断变化。记得我在诚品讲堂开设过一门名为“日常生活里的文创人类学家”的课，我把人类学方法应用到了企业创新、旅行、餐饮与说故事领域。与我合作的出版社编辑当时也参与了其中一堂课，她在现场发现，写作的洪震宇跟讲课的洪震宇是截然不同的人。她问在场的听众能否比较出两者的差异。她认为，前一个洪震宇思考很多，文字比较厚重；后一个洪震宇节奏很快，内容生动有趣，不仅引导听者思考，也能打动内心。

我当时并未仔细思考两者的差异。后来陆续又出了几本书，文字表达更简洁生动，我才意识到，在现场面对旅人、听众与读者累积的经验，无形中更精进了我的写作能力。

首先是节奏。行文速度轻快有力，想法或故事一路推进，才能让人一页接一页看下去。其次是简单。不过度雕琢文字，文句变短，文字简单具体好理解。再次是铺梗制造意外。经常模拟读者感受，思考如何制造阅读乐趣，让他们惊讶、好奇与期待。

意外的写作教学旅程

我成为一位写作教学者，纯属意外。有一次我出席讲座担任讲者，一位出版社副总经理想邀请我开作文课，我当时很疑惑，现在还有人要学写作吗？我会写作，但不知道如何教写作，因此婉拒了朋友的好意。

直到有一天，我陪正在读小学二年级的女儿写语文作文，发觉课本内容与题目很死板，这样的填鸭式教学无法让孩子理解、联想与活用。我突发奇想，如果我来教写作会怎么教？该如何教起？

有了念头，就开始行动。我当即列出教学大纲，经过反复修正，发现这套写作流程与方法不仅能教小孩，还能教大人。同时，我也寻找辅助教学的参考书。我翻阅了市面上各种写作书，却发现没有一本能够满足我的教学需求。在我看来，它们的问题是：首先，没有系统化，不易应用。这些书谈了大量的技巧与观念，但是实际运用时，不是太过零碎，就是太过抽象，结果就是已经可以熟练写作的人不需要读，而尚未掌握写作的人无法应用与模仿。

其次，这些写作书，不是以销售为目的的文案写作书，就是应付考试的作文书，都忽略了职场上沟通表达所需要的写作技能。无论是企业内部沟通还是“斜杠工作者”，或是固定撰文发表意见的人，都需要一套有系统、循序渐进引导的写作方法，帮助写作者撰写与论述，实现有效传达与说服。

论述才是写作最重要的能力。当我们能把想法、经验统整聚焦，以简洁有力、条理分明的方式表达，就能说服他人，进行有效沟通。

解决写作问题

2018年，我尝试跟澄意文创合开“深页十堂写作课”公开班，竟然吸引不少上班族报名。原来不少人都有出书的愿望，或是撰写公文、博客，以及写文章与顾客沟通的需求，甚至寻找未来“斜杠”的想法。因此，他们愿意花10周的时间，下班之后来学习写作。这门课一连开了13班。

来自各专业领域的学员，共同问题是不擅长用文字表达，平常没时间认真思考，文章写得干涩破碎。不然就是填满各种网络信息，看似内容丰富，实际上无比空洞。

即使是媒体工作者，写作也存在不少问题。我曾指导一家知名财经杂志的年轻记者学习写作，课前阅读这位学员的初稿，我归纳出三个写作问题：第一，观点不清楚，文章缺乏结构；第二，没有提炼每段要写的重点，堆积了很多内容，读者却不容易掌握重点；第三，文章不够深入，缺乏细节与例子，无法让读者印象深刻。

这些问题，也是大部分职场工作者的问题。写作是一种思考与沟通表达的能力，需要将复杂的信息与事物重新消化整理，以有逻辑条理的方式，一字一句、一段一段精准地传达出来，帮助他人理解，达到有效沟通与说服的目的。

随着社交媒体的兴起，人人都可以直接对外界沟通，写作不再是少数人的特权，而成了基本的沟通能力。只要你需要沟通表达，就需要写作能力。

然而会写作，并不等于会教写作。我除了开写作公开班、指导好几个媒体的写作课，在企业教精准表达力，也录制过在线写作课。这些从不同对象、不同教学层面积累的经验，让我萃取出了更有效的教学方法，能够解决大部分学习写作的问题。

这本书的定位，主要针对职场工作者的写作需求，他们不要求复杂的写作技巧，而要求简洁有力的精准沟通，这需要借助系统的方法。也希望这本书成为所有写作书的基础，让写作者掌握基本功之后，再去强化其他技巧。

这本书的主轴是精准写作，具有三个重点，分别是“精简”“精巧”与“精深”。“精简”是文字要简洁好读，让人好理解；“精巧”是表达要生动有趣，能吸引人；“精深”是文章要有深度，让读者有收获，达到深入人心的目的。

为了帮助读者提升精准写作力，这本书分为三部分，让读者能循序渐进地练习，分别是精准写作的力量、精准写作的技术以及精准写作的应用，每堂课都有课后练习作业，希望从概念、方法与应用来帮助读者学习写作基本功。这本书的示例主要来自我的著作，加上公开课课堂上讨论的案例，以及学员的练习内容。

写作是未来必备的能力

我认为，写作不仅关乎沟通表达，它已经是未来必备的能力。《爆裂：未来社会的9大生存原则》强调，美国小学现在不仅要学习写程序，同时也很重视写作教育，这是每个学科的根基。我们教孩子写作是因为写东西可以帮助他们学习。我们用写来表达我们的思想，同理，我们也用编程来表达我们的思想。教人们编程的主要目的并不是帮助他们找到工作，而是教他们思考。

写作跟写程序一样，有严谨的逻辑思考，才能进行精准有效的沟通。每一行程序都必须紧扣主题，环环相扣，才能编写出程序码，驱动硬件运作。同样地，写作上每一段的内容、段落之间的逻辑关系，就跟每一行程序一样，必须清晰有条理，才能达到沟通的目的。

写作教我的事，就是保持好奇，进行观察、思考与表达。只要具备这些能力，就能勇往直前，不怕被时代淘汰。我也把这套写作方法传授给了念小学的女儿，培养她们进击未来的能力。

我虽然担任写作教练，仍持续在写作的路上前行。我有许多主题想探索，需要通过写作跟这个世界沟通，我的写作旅程才刚起步。

我相信，各位读者只要一步一步持续练习精准写作，也能创造自己的奇幻旅程。

第一章

精准写作的力量

第 1 课

写作，简洁传达你的见解

这是写作者崛起的时代。

许多人在社交媒体上书写，表达自己的想法；或是当小编，通过网站、电商来营销，展现专业，经营自己的事业。

我们也运用文字与照片，在网上呈现日常生活。我们有前所未有的机会将写作融入日常生活。现在大多数人的手指几乎整天都离不开键盘，25年前可不是这么一回事。《短微信息时代写作的艺术》指出，现在我们写作不是为了接受某种评鉴，而是为了沟通、娱乐、游说，或是为了赢得他人的注意。

从“唯读文化”到“读写文化”

过去写作被认为是少数精英的职业；甚至在10多年前，写作还被视为只是为了应付考试，跟我们的生活与工作无关。在2007年数字科技大爆发之前，当时智能手机、脸书与推特尚未推出，社交平台只有博客，书写者很有限，大多数人仍处于被动接收信息的状态。

那时的电影、电视、报纸、书籍与广播，都是单向传播，人们只能被动观赏、阅读与聆听。这是一种无法主动参与的“唯读文化”，最多只有读者来信，可以表达的渠道很有限。

数字科技大爆发之后，结合计算机、手机与网络科技的交会力量，写作的门槛变低，读者从被动的“唯读文化”模式，进入主动参与的“读写文化”模式。人人都能写作，都能成为自媒体，不用投稿与审稿，想写就写，想发就发，只要文章有趣有意思，自然就会有读者点赞与追随。

注意力经济的两难

然而，这也是写作者被淹没的时代。

吴修铭在《注意力经济：如何把大众的注意力变成生意》中指出，我们清醒的时候，几乎都在阅读，也随时都能写作，发表意见。博主和他们的读者颠覆了注意力产业的生态——言论和注意力都被民主化，大家都有机会当讲者和观众。

人人都在争夺大众的注意力，希望创造自己的注意力经济。我们身处信息爆炸的世界，有各种出版物、各种类型的文字作品，这不再是一个小池塘，而是河道日益宽广、水流越来越强劲的大河。

读者的注意力被大量的零碎信息切割，无法专心聚焦。身在其中的写作者，被汹涌而来的其他竞争文章给淹没。网络小编每天都要大量发文，不然就会被更多的文章刷屏，成为信息洪流的泡沫。

网络让我们自由，也让我们不自由。网络让我们得以自由书写，寻找大量资料，充分表达自己的特色与想法；它也让我们陷入注意力商人铺天盖地的消费大网之中，成为被操纵的消费者。

《浅薄：互联网如何毒化了我们的大脑》指出，互联网鼓励我们用打游击的方式采集细碎的信息，我们不断受到各种信息干扰，快速略读使我们失去了专注与沉思的能力，也将思想和记忆交付给强大的云端系统，我们生而为人的知性与感性正在慢慢消逝。

然而网络经济也提供了许多兼职、“斜杠”与一人公司创业的契机。除了通过社交媒体来表达自己的想法、专业，推销服务或产品，也有很多人想通过写作来进行自我探索，传达自己的兴趣、热情，跟更多人交流，寻找各种改变现状的机会。

与其成为被动的消费者、阅读者，不如成为主动积极、运用深度思考的写作者。借助有组织的输入与输出的写作过程，增加思考深度，不人云亦云，才能有效抵御注意力商人的操纵，通过写作建立更多的正面联结，开拓自己人生的疆域。

以精准写作创造影响力

我们该如何运用写作来强化深度思考？

《众媒时代，我们该如何做内容》分析了上百万篇样本，归纳出文章被大量分享的四个原因：文章有结论和清楚的观点、篇幅足够长、能引发读者情绪变化、具有影响力。

从这个结论可以发现，被大量转发的文章，兼具理性思考和感性联结的写作力，我称之为“精准写作的技术”。

■ “精准写作”是什么

“精准写作”跟一般写作、文案写作有什么差异？我认为精准写作着重在对读者有精准的沟通效果，包括有明确的观点、清楚的逻辑，文章有结构，内容具体，文字简洁有力，能够站在读者的角度，满足读者的阅读需求。

“精准写作”可以拆解成两个角度。首先是“精”，有三个特色，分别是“精简”“精巧”与“精深”。“精简”是文字要简洁好读，让人好理解；“精巧”是表达要生动有趣，能吸引人；“精深”是文章要有深度，让读者有收获，达到深入人心的目的。

另一个角度是“准”。“准”在于重视读者的需求与感受，前提是要先设定沟通的对象，站在读者的角度思考，了解读者的需求、痛点与期待，然后设定文章如何能满足、解决读者的问题，进而改变他们原本的认知。经过深思熟虑之后，才能将写作的“精简”“精巧”与“精深”三个特色彻底执行到位。

“精准写作”最看重的是精确的逻辑表达，论理清楚，挑选重要细节、数据与例子，让读者了解，产生认同与共鸣。

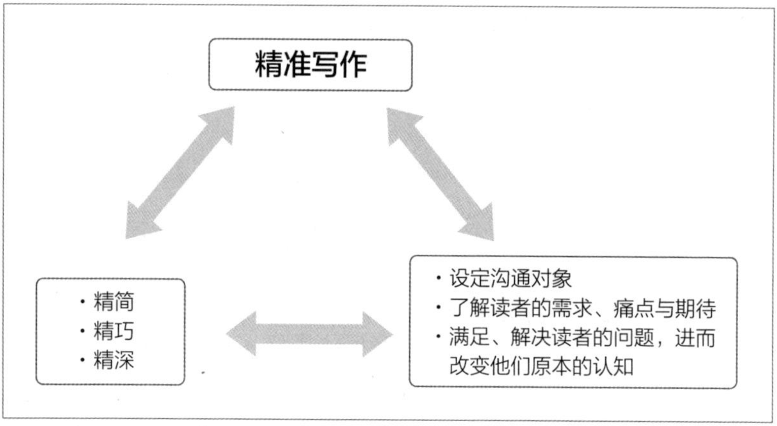

图1–1　精准写作的定义

■　以长文写作对抗浅薄思考

写作是心智综合能力的呈现。有“英文写作圣经”之称的《风格感觉：21世纪写作指南》，强调写作之难在于如何把零散抽象如网状的想法，通过有层次的树状结构，展现在一字一句依序出现的语句中，让读者有效解读。

学好写作，就能学好思考。写作是掌握点、线、面的思考能力，作者先把自己的想法整理清楚，才能运用写作技巧，精确地传达给读者，帮助他们理解，达到有效沟通说服的效果。

网络时代，更需要学习运用精准写作传达的长文写作，来对抗浅薄思考。资深编辑康文炳在《深度报导写作》中指出，现代人用文字沟通的机会增加，但也让写作更零碎化、浅薄化、草率、不深刻，长文写作已经成为濒临失传的技能。

文案写作与简报思考的盲点

目前职场关于写作应用的能力有两种：文案写作与简报技巧。这两种技巧虽然以沟通为目的，操作上却容易产生内容零碎化、片面和不深刻的问题。

■ 写文案前的打磨功夫

我观察市面上各种关于写作的书籍、线上或线下课程，都是以推销商品、讲求变现吸睛的文案写作为主。人人都想当注意力商人，学习广告营销的写作套路，希望能迅速通过文案来营销变现。

然而，看似精简的文案，背后却需要强大的写作与思考基础。写文案之前得做扎实的功课，包括了解产品、市场趋势，切入消费者定位、产品定位，有了完整想法之后，再用简洁有力、不花哨的文字、标题，迅速攫取读者的注意力，进而打动内心痛点。这是一个很精密的打磨过程。

现在大家想学习的文案写作，实际是形式上轻薄短小的营销文。如果大家只学习这种文字书写，就难以让内容有结论与清楚的观点，以及引发读者的情绪变化。我认为，这些是一篇深具影响力的文章该有的元素。大家应该先打好写作基础，再学习短文案技巧，这样就不会失衡。

■ “简报思考”容易片段化，听者难以整体思考

再来看上班族最喜欢学习的简报技巧。简报其实跟写作不同，它是以一张张PPT为单位，运用图片与简单文字，每张传达一个信息，我称之为“简报思考”。

一位数字金融专业的学员告诉我，她可以快速制作简报，却不会写作，就连将简报信息组织成有条有理的文字，也不知该从何着手。这个问题出在只用一页页PPT的方法是片段思考，而非整体的结构思考。

“简报思考”除了造成片段化的问题，也容易出现听者无法完整思考的问题。因为每张PPT都是快速传达重点与结论，听者很容易看到下一张就忘了前几张的重点，甚至抓不到报告的整体脉络，当时好像听懂了，结束后却无法有效回溯思考。

■ 亚马逊推崇的“写作思考”

亚马逊首席执行官杰夫·贝索斯每周要参与公司内部几十场简报

会议，他发现会后重新阅读内容却不知道汇报人想表达什么，因此杰夫·贝索斯规定，不准员工在会议上使用PPT。简报内容要以文章形式呈现，让与会者只阅读资料就能理解。

杰夫·贝索斯进一步要求，汇报人只能用最少1页、最多6页的A4纸呈现内容。汇报人必须先有清晰深入的思考，用完整方式表达自己的思想，也就是要构思主题、目的、对象、重点与如何说服，有开场，有结论，接着一字一句一段写出来，这其实比PPT难写。

《Amazon的人为什么这么厉害？》指出，亚马逊会议的变革，实际上是用“写作思考”来改善“简报思考”的问题。在亚马逊，能否逻辑清晰、简洁有力地写出一篇文章，是非常重要的能力。

不管是“简报思考”还是“写作思考”，关键都是思考。先思考，再写作，传达清晰有逻辑的想法，帮助听者和读者掌握完整脉络、了解重点，理解整体内容，进而被你的主张跟结论说服。

写作就像盖房子，不是玩装潢

有位教师受邀担任某基金会征文比赛的评审，看了一百多篇稿件，内心很纳闷，为什么90%的文章都很像？

虽然这位教师没提到征文题目，但我猜想主题应该跟感谢、感恩有关。作者说，细看之下，这些文章都运用了“起、承、转、合”的模式。文章开头的“起”，叙述作者的问题与缺点；接着进入“承”的阶段，发生亲人或宠物去世；再来是“转”，作者的顿悟或悔悟；最后的“合”就是感谢，要“做一个更好的人”。

然而，评审最后选出的前几名，并没有采取上述的模式，那几篇文章内容简单明了，读来自然、真诚、不矫情。这位教师认为，作文已被考试限制得太深，从老师到学生都被局限在“起承转合”的框架里，结果限制了学生的思考，产生出一篇又一篇匠气十足的复制品。“台湾地区的学生每天的上课时长是全世界最久的，结果只能写出‘复制品’，这不是很可悲吗？”这位教师说道。

■ 别再“作文”了

复制品的出现，不一定是起承转合的问题，但反映出了写作者生硬地套用范文，无法灵活运用的问题。

我们目前的作文教育，比较偏向文学性表述，缺乏以思辨为主的理性论述。作家杨照在专栏文章《学习论辩、说服，别再“作文”了》中写道：“我们的作文考的就真的是‘作文’，不是形成思想、表达思想并努力试图说服别人接受你的思想，而是一套固定运用文字的模式，对这套模式越熟练，用了越复杂的句法，越多的成语，就能得到越高的分数。”

■ 训练逻辑，而非只求文字美感

想要掌握便于职场上沟通的精准写作技术，首先应该是训练我们的逻辑，而非只求文字美感。在写作过程中，作者需要区别客观事实与主观想法，要根据不同资料、信息与事实，进行推论与证明，来建立有说服力的论述。

《丘吉尔和奥威尔》曾谈到丘吉尔对写作的见解：写书与盖房子无异。写文章需要先打好地基，再把素材组合起来，房子才会稳当。他会思忖整句话的重要性，接着思考段落的构成，以及哪些段落必须像火车车厢的自动联结器一样相互配合。

目前的写作教育，不是在盖房子，反而像室内设计的装潢，讲求美感、细节、造句及修辞，而非想法、主张、论点与逻辑。如果不先盖好房子，要怎么做室内装潢呢？这个问题也造成我们无法把写作应用在职场上，甚至畏惧写作。

■ 训练独立思考

精准写作也是独立思考的训练。写作不是自说自话，而是有效的沟通对话，作者不能只是大量复制、引用他人的内容，需要有自己的观点。在呈现个人独一无二的想法之前，需要仔细了解他人的观点与立场，从中找出缺失与不足之处，再提出新的看法。

■ 练习观察与感受

精准写作同时是观察与感受的训练。写作不只需要读书、找资料，更要学习采访、沟通、提问与观察，对世界充满好奇心，能够自主寻找答案，再通过写作将自己的想法和观察组织起来，有效传达沟通。

《1984》的作者奥威尔发表的最后一篇文章，是对丘吉尔的回忆录第二卷《最光辉的时刻》所写的书评。奥威尔认为丘吉尔基本上是一名记者，即使没有过人的文学天分，也有扎实的文笔。丘吉尔还有一颗永不停歇的好奇心，对具体的事实和动机的分析都很感兴趣。

我们都可以成为现代的丘吉尔。只要掌握精准写作的技术，写作者就不会被时代淹没，还能创造自己的时代。

回顾与练习

这堂课教大家运用思考力培养写作力。构思写作的过程就像盖房子，要有稳固的地基与扎实的结构。

◢ 练习1

精准介绍自己：请你想一想，能否用三个特色说明自己的专业，让其他人快速了解你的专业主要是解决什么问题。

◢ 练习2

了解自己学习写作的目的：请想一想，你希望通过写作达到什么目标？是传达专业影响力、销售自己的产品或服务，还是自我探索，或是留下日常生活的记录？这样才能形成明确的需求与问题意识，帮助你聚焦每堂课的课后练习。

第2课

写作，满足读者的服务业

你有没有想过你的读者长什么样子，他会如何阅读你的文章？逐字逐句细读，还是滑动手机页面快速浏览？

15年前，我担任财经记者时，主编过好几年的《天下杂志——一千大特刊》。这本刊物调查报道台湾每年营收排名最高的前一千家大企业，写稿过程要搜集与查核数千家企业的财务数字，还要采访杰出企业，写出扎实的分析，并预测未来趋势。

有一年出刊之后，我想了解读者是怎么看这本让我们耗费心力的作品的。下班后，我在诚品敦南店杂志区站了3个小时，观察读者如何挑杂志、翻杂志，如果拿起这本特刊，他会浏览哪些内容，会看多久，是否会购买。

有30多位读者拿起这本刊物翻阅，有人捧着细读，但大部分人都只是翻翻，查看排名，浏览几篇文章，结账的人不超过10位。

那次的经历震撼了我。我们在编辑会议上讨论读者需求，讲得都头头是道，其实根本就没观察过陌生读者——他们怎么读你的文章？从哪里开始看？记者重视的内容就是读者在意的内容吗？

读者的时间永远比你宝贵

我在自己开设的写作课的第一堂课，都会提供从网站下载的两家知名企业的简介，请学员读完并发表意见。大家的共同感想是，除了企业名称不同，其他内容都大同小异，其中出现很多抽象的用语，例如“创新”“永续”“卓越”“竞争力”，用来强调自己的公司特色，还有很多介绍各种产品或计划的专业术语。

我问大家这个公司简介是要写给谁看的，读者是谁？是员工、客户、投资人，还是想应聘的人？通常大家的回应都是："写给老板一个人看的！"接着所有人哄堂大笑。

半小时之后，我再请学员复述公司简介的重点，大部分的人都忘了，因为内容里没有具体、能留下记忆的重点。

《少说废话：让你事半功倍的商务写作指导手册》认为，文章的"意义比例"决定沟通成效，意义比例＝有意义的词汇量／全部词汇量，如果文章有一半的字词不具意义，就会阻碍理解，理想的文章意义比例至少要达到80%。读者花时间看完了文章，结果一无所获，是该怪读者，还是写作者？

站在读者的立场写作

《少说废话》强调，写作的唯一铁则，就是读者的时间比你的宝贵。作者乔希·贝诺夫认为，这个世界充满了废话，我们被意义模糊又拐弯抹角的杂烩文章淹没了。

我们不尊重读者，读者也不会尊重我们。除了写私密日记是跟自己沟通之外，写作都是针对特定的读者沟通，不论是同事、主管、大众，还是顾客，每个人的需求、立场都不同，了解对方的期待与需求，才能在他们的脑中烙下我们想传递的信息。

因此，写作就是满足读者的服务业。要想让读者重视你的文章，就要写出满足他们需求与期待的内容，帮助他们理解你的文章。

不要陷入专业的自恋

我常在写作课上开宗明义地说“写作就是满足读者的服务业”，学员都非常惊讶。在他们的认知中，写作不就是写出自己的感受，跟着感觉走，想到哪儿写到哪儿，怎么还要去思考如何服务读者？

学员互相讨论彼此的文章作业时，发现读者（其他学员）看不懂自己想表达的内容，就跟那些企业简介一样，得到“看不懂、记不住”的评语。大家终于体悟到，要先换位思考，从读者角度来检视自己的文章，否则永远是自说自话，无法进行有效的沟通。

写作前没有先设定沟通对象，导致写出无效沟通的文章，主要有两个原因：一是传统写作教育没有教我们认识读者，站在读者的角度思考事情；二是我们被自己的专业限制了，缺乏同理心。

《美国学生写作技能训练》所引用的美国国家教育学院提出的报告指出，美国过去只教文法、字句的写作教学，并没有提升学生的写作能力。只有让学生针对特定读者，开展更多有具体沟通目标的写作，才能进一步学习写作。

《美国学生写作技能训练》强调，写作的第一课，不是起承转合，而是认识读者。练习写作时，学生应该是在面对真实或假想的特定对象发表自己的意见。

我们的写作教育设定的读者，可能都是语文老师、阅卷老师，这是一种上对下的评分，而非平等、多元的沟通，导致我们缺乏对各种读者的想象，更难具体对话。

此外，我们也经常不自觉就写出太多抽象、充斥专业术语、意义比例太低、让读者无法理解的文章。《风格感觉：21世纪写作指南》强调，这是“知识的诅咒”，因为过多的专业知识，让作者无法想象与感受别人跟我们的差异，自恋地描述他们行内着迷的事，没有充分给予背景知识，帮助读者理解。结果造成专家被自己的知识给诅咒了。

作者有责任用深入浅出的文字，帮助读者了解问题，并提供具体建议。爱因斯坦就曾说过：“如果你无法简单地说明一件事，就表示你对它了解得不够。”

以缩短理解时间为目标

写作要服务的对象，并不好伺候。因为读者的注意力有限，计算机、手机屏幕上又有其他竞争者抢夺注意力，而写作需要引导读者全心投入，既要抓住他们的注意力，又得让他们愿意花时间深入阅读。

关键就是要帮读者“省时间”。省时间不是真得节省阅读时间，而是缩短读者理解的时间。当读者看不懂、不了解、需要花脑力解读时，很可能就会马上离你而去。

法国认知心理学家斯坦尼斯拉斯・迪昂在《脑与阅读：破解人类阅读之谜》中指出，从人类演化来看，文字出现的时间太短了，短到还来不及形成阅读专属的神经回路。

《脑与阅读》分析，眼睛是很差劲的扫描者，视网膜中间有一小块地方叫“中央窝”，只有这里才有高分辨率的神经细胞。阅读时，眼球跳动，一字一句解读，才能把新信息送到“中央窝”。

因此，阅读时必须集中视力，逐字逐句扫读，先了解字句的形、音、义，再解读字句串连成段落之后的脉络，才能掌握信息的整体意义。这个阅读过程非常烧脑，如果句子太长、内容太复杂，跟自己没有太多关联，我们很快就会失去兴趣。

阅读是一件苦差事，高明的作者要减少阅读障碍，帮助读者更快、更好地理解文章，最终实现有效的沟通与说服。

这一切都是为了进入读者的大脑而努力。如果你让读者太过烧脑，读者就有权力选择不读。你耗费时间努力思考、撰写的文章，岂不是就白费了？如果经过你的烧脑，让读者不费力地阅读，并且支持、认同你的见解。这不是服务业，什么才是服务业？

ROA思考术，建立写作策略

服务读者需要一定的方法。以往的记者、专业作家背后，都有一位经验丰富的编辑帮忙把关，协助他们确定读者定位、修订内容，否则记者与作家的稿子都只是初稿。

但是在这个人人都可以写作的时代，并没有专业编辑帮忙，所以写作者自己就要扮演双重角色，兼任热情的作者与冷静的编辑，让自己的文章更有质量。

就像经营企业、领导团队都需要思考策略，写作之前，也要建立写作策略。策略就是先有目标与方向，再找出达到目标的方法路径。写作策略也是先有目标，再运用“精准写作的技术”，完成目标。

写作的目的，就是希望改变读者的认知与想法，要么帮助他们更加了解状况，要么使他们对某件事物有不同的看法或领悟。如果看完没有任何改变，就是浪费读者的时间。

写作策略就是作者自问自答希望改变读者什么想法的ROA思考术。包括读者是谁（Reader），希望改变他们什么想法（Objective），希望读者看完之后采取什么行动（Action）。

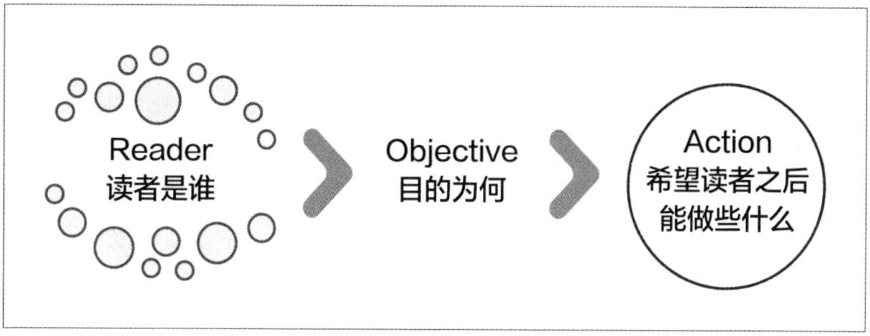

图2-1 ROA思考术

■ 读者：设想读者的样貌与情境

首先，要定位你的读者，也就是去思考沟通对象的样貌、生活或工作情境，他们关注什么，遇到什么问题，产生什么痛点。越具体的想象，越能帮助我们靠近读者的感受。随时问自己“他看得懂吗？这是他在意、关心的吗？”这样写出来的文章，就不会陷入自说自话的状况。

这需要进行换位思考，去了解读者的观点、感受与需求。奥美广告创办人奥格威就有句名言：“读者不是笨蛋，他是你的另一半。”

《成为小说家》作者约翰·加德纳说，小说家必须具备恶魔般的附身能力，在不同人体之间移动，也就是在不同角色之间移动。小说家要设法跳脱出来，观察或感觉其他人的观点，以精确而具说服力的手法呈现各种角色眼中的世界。小说家应该成为各种人类的代言人，透过他们的眼睛看世界，体验他们的感觉，接受他们那些最愚蠢而根深蒂固的意见。

■ 目的：传达什么重点，改变读者什么想法

你希望读者支持你的提案、购买你的产品，认同你的诉求与理念，学会你提供的具体方法，还是改变他们对某件事情的认知？

这就是你写作的目的。要先设定一个目标，这能够帮助你聚焦，去看清楚读者原本的认知是什么。明确你想传达的重点，然后通过写作来改变读者的想法。目的如果不清楚，文章就会不清楚，导致写了很多却没有记忆点。

许多企业简介出现的问题，在于没有读者定位，也没有设定目的，只是交代企业的大小事，无法引起读者的关心；或是把空泛的词汇当作自我感觉良好的口号，无法让读者理解。

如果企业简介的目的是吸引人才，就要明确写出对人才的需求、企业本身的特色，以及未来具体的规划；如果是想传达承担社会责任的公益形象，就要针对企业的社会责任多加着墨；若是想吸引顾客上门，就要提出针对产品研发、服务能力的具体案例。

有了清楚的读者定位和明确的目的，在写作上就有了具体的依据，能够针对特定读者创造鲜明的印象，而非空泛抽象的字眼。《成为小说家》强调，观察力敏锐的作家有许多优势，其中之一是可以用

具体的方式说故事，而不是用脆弱的抽象思考。设法用很多细节呈现笔下角色的感觉。作家写的东西越抽象，浮现在读者脑海的画面就越不生动。

■　行动：期待读者看完文章后，能采取什么行动

许多作者容易忽略读者读完文章之后的需求。改变读者认知之后，还可以做什么事？激发他实际参与改变，而不是被动地点赞。例如积极分享给其他人、实际执行提升健康的方法，或是购买你的东西、参与你的活动、投简历到你的公司……

过去单向传递的“唯读文化”，读者无法做出太多行动；现在是多面向沟通的参与式“读写文化”，读者可以回应、分享、修改、批判。作者要思考更多，更好地服务读者，希望他们做什么，文章结尾就要提供更多信息，引导读者进一步参与，这样才能发挥写作的力量。

写作课的学员都发现，运用ROA写作策略思考能协助他们想清楚方向，更好地聚焦，不会在写完之后才发现跟原本设定的方向不同，被迫重写。

举一个写作课学员运用ROA思考术的例子。这位学员是社工，想写脑中风患者的主题。这个题目很大，可写的内容很多，必须要聚焦。讨论之后的ROA策略如下：

R（读者是谁）：脑中风患者的家属。因为脑中风患者需要长期康复训练，但是家属会遇到很大的冲击，容易惊慌失措，必须帮助他

们渡过难关。

O（目的为何）：协助家属找到心理咨询的资源，以及外在资源（例如政府补助、基金会资源与志愿者）；还有患者出院后，提供在家中辅助康复训练的方法，协助他们照顾患者，获得具体支援。

A（希望读者之后能做些什么）：通过网站和电话进行咨询。

经过ROA的思考之后，写作内容很清楚，完全针对患者家属遇到的问题以及具体改善的方法，列出相关资源的网站与电话，让家属找到咨询对象。

读者是现实的，所以作者要比读者更现实。作者得站在读者的角度，通过ROA思考术时时提醒自己：解决读者没有说出口的痛点，帮助他们进行理解，提供具体行动的方法与资源，让读者有收获，这样才能够“写出影响力”。

回顾与练习

这堂课教你认识你的读者，通过ROA思考术建立你的写作策略。

◢ 练习

建立写作策略：你想与什么类型的读者（R）沟通？他们原本的认知是什么，你想改变的目标（O）是什么？你希望读者能做出什么实际行动（A）？

第二章

精准写作的技术

第3课

主题力（一）
如何构思主题

我当《天下杂志》记者时，报选题是压力最大的时刻。因为不仅要思考主题是什么、读者是谁，还要想他为什么要看，内容要产生什么影响。题目已经很难想了，还要思考这么多相关问题。

选题会议那天，记者轮流上台报告，看着底下满满的同事、主管、总编辑与发行人，开始展示一张张PPT。如果没有引起太多关注与讨论，在沉寂的气氛下，发行人会提出一个简单的问题："你的主题是什么？你到底想说什么？"

于是我们就更仔细地说明与补充，但往往越解释越乱，到最后大家也弄不清楚你到底要说什么。发行人会提出有力的结论："你讲不清楚，读者就更不清楚，你要想清楚主题，下次再报告。"

发行人说的话，都是在强迫我们思考得更清楚透彻。主题没想清楚，文章就没有明确的范围与方向，导致什么都想写；什么都写，最后就容易失焦。读者可没耐心，他们的注意力瞬间就可能转移，那你花这么多时间写的内容，就白费了。

发行人的提问："你想说什么？"就是在问，你要写什么主题？职场上的书信往来、制作简报、写企划书，或是在博客等社交平台写文章，都要找出主题才能开始撰写内容。

不要马上开始写，而要先"想"。先知道终点，才知道为何出发，才能铺好前进轨道，让主题列车全速前进。

主题力就是"找出主题的能力"。思考在其中发挥着杠杆的力量，它能帮我们设定范围，找到主题核心，有效达成写作目标。

写作力就是思考力

为什么那么多人写不好，甚至畏惧写作？

好的思考训练缺失，导致我们的沟通表达出了问题。写作就像冰山。海平面之上是写作呈现的内容，但是支撑写作内容的无形力量，却是海平面以下、比例占八分之七、肉眼看不见的部分。

因此，想学好写作，不是马上学写作技巧，而要先学思考。

以我在大学商学院EMBA（高级管理人员工商管理硕士）授课的经验为例，学员都是中高阶主管、创业者，但他们在思考逻辑上仍会出现因果关系混乱、创意思考不足以致无法掌握重点以及难以产生看法的问题。

专业职场人仍需通过有架构、有步骤的引导，持续讨论练习，才能发现自己思考的不完整，或是找到潜在的关联创意，有效解决工作问题。

不论是口语表达、文字书写，还是简报呈现，能让对方印象深刻、厘清思考困惑的内容，往往都是让人一目了然，或者三言两语直

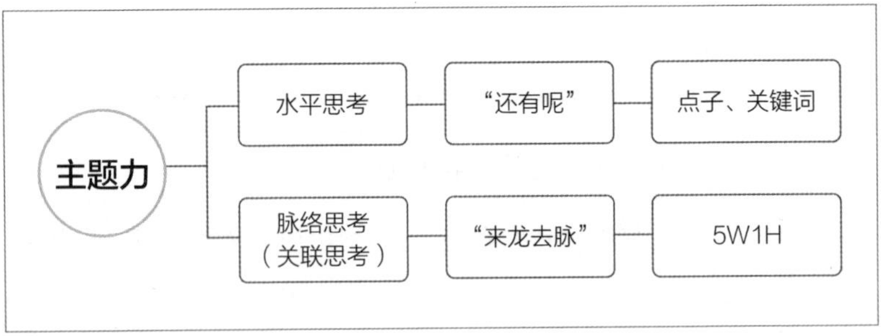

图3-1　主题力的思考法

指核心，再进行有条有理的说服。

支撑这种流畅表达的力量，就是思考力。学写作的第一步是学思考，可是思考范围这么大，要从哪里学起？

发散思维，练习水平思考

要练习主动思考，就要召开脑内题目会议。主题力是从发散到收敛的过程，先从广泛发散思维的水平思考，大量设想可能性，最后再聚焦出有趣、具体、好发挥的主题。

这堂主题力分为两个步骤，先练习水平思考，再练习如何梳理成有方向、有组织的脉络思考。

水平思考的关键词，就是“还有呢”。我们需要大量的想法，哪怕是零碎、混乱的点子都行，最怕什么想法都没有。就像学习创意思考，唯一的原则，就是先有大量的创意点子，再慢慢厘清整理，找出最棒的点子。

我们先假设自己是总编辑，通过自问自答，引导一个记者自由发散思维。关于这个主题，我有什么想法，可以随意写在纸上或便利贴上，一直问自己“还有呢，还有没有？”再多想想！先有大量的点子，才能把相关的点子串联起来。

比如，主管要你报告下一季的消费趋势，得先找出三个关键词：“下一季”“消费”与“趋势”。“下一季”是时间范围，“趋势”是从过去推测未来变化，因此最关键的核心是“消费”。

消费的主题太大了。你要先用ROA思考来确定坐标。读者是谁？是主管。主管的需求是什么？是希望知道消费有什么变化。主管看完你的报告后要采取什么行动？是根据消费趋势，研拟出营销与创新研发的计划。

有了ROA的坐标，选题会议就进入了水平思考。主管想知道哪些消费变化？消费者性别与年龄？还是消费区域和产品？如果是手摇茶饮业，就要锁定主要客户群是谁，过去一季热门茶饮产品是什么，哪些年龄层是购买主力，哪些区域、哪个时段销量最大，哪种茶、哪种水果最受欢迎，个人消费状况与公司集体订购状况等。

一连串的水平思考，不必遵循一定的关联，先尽量去开发延伸脑袋中的想法，最后再去找彼此的联结点与脉络关系。

我在上小学五年级的女儿回家要写作文，老师给的题目是“因为……所以我现在很幸福”。这个题目太抽象了，必须练习具体想象，将抽象模糊的“幸福”联结到自己的经验。

先找出一个限定范围。例如最近有什么让你很开心、很有成就感、很难忘的事情，把这些经验感受都写下来。像是考试、才艺比赛或家庭旅行，通过具体、有感受的事件，让自己扩充想法。

我女儿不知道要如何去想象“幸福”。我慢慢引导她回想这几个月是否有难忘的事，她一时也没有想法。我提醒她最近才参加过台球个人单打比赛，过去一直没有打出好成绩，但这次击败了不少强敌，最后打到前十六强，是不是很难忘？以这个经验引导她思考，她立刻就找到了感觉，我接着又问她记得哪些经验、场景、细节与感受，可以从这些元素去联结“幸福”。

例如赛前的持续练习、模拟对手可能的战术、赛前的热身、每场比赛对战的细节、胜利与失败的感想……每个细节与感受，有感觉的画面都尽量写下来。

通过水平思考鼓励自己多想想，一直问："还有吗？"把点子慢慢从脑袋中拉出来。一开始可能会很辛苦，但是多练习、多自我挑战，让善于惯性思考的大脑多活动，就像举重一样，通过压力增强创意肌肉，点子慢慢就会越来越多。

脉络思考，梳理想法

当迸出很多点子与关键词之后，就进入了第二阶段。尝试找出这些想法、关键词之间的联系，把这些零散的点串起来。

找出各元素之间关系的思考过程，就是脉络思考（关联思考）。这个过程是尝试去组织、整理、探索零散想法之间的联结性，看出背后的关联与意义。

脉络思考让我们有高度与整体观，不被眼前的表象影响，随便就丢出答案。它引导我们仔细观察、思考与查证，发现事情演变不是如表面所见这么简单，而是不同元素之间相互运作的结果。

从水平思考进阶到脉络思考，就是开始思考哪些点子彼此有关，再删掉无关的点子，尝试为相关联的点子找出先后顺序，或是相互影响的关系是什么。

接着，再以更简单的架构来运用脉络思考。我们常听到"5W1H"，就是何人（Who）、何事（What）、何时（When）、何地（Where）、为何（Why）与如何（How），这是一种思考事情发生先后顺序、相互影响的过程，其实就是脉络思考。

我们可以把点子、关键词放在“5W1H”框架中，有效整理与思考。例如手摇茶饮产业的下一季趋势变化，先要知道上一季、上两季有什么脉络。哪些茶饮（What）特别热门？原因是什么（Why）？谁（Who）喝得多？何时？跟季节变化有关吗？早上、中午还是晚上（When）特别热门？哪些区域？中南部、城市还是乡村（Where）？消费者如何购买热门茶饮，一个人还是企业采购（How）？一次买多少（How Much）？

这个推敲过程借助时空情境的具体思考与想象，来帮助我们有效整理散乱的资料、想法与关键词，找出背后的联系与关键词背后的关键词，删除看似有关、实际无关的元素。

通过“5W1H”的思考过程，就能大致了解手摇茶饮产业上一季，甚至过去一年的变化。可能还要去追溯你们公司，或整体手摇茶饮产业的情况，甚至去找手摇茶饮原料供应商的供货资料，汇整出去年同期（或下一季）的脉络，才能推测今年下一季的变化。

如果再进一步聚焦主题，就要找到去年同季度前十大热门以及不热门的茶饮的内容，通过具体产品的变化，找出主题范围，往下聚焦，去找寻更具体、更细节的资料与内容；或者是针对消费者、各个手摇茶饮加盟店进行初步访谈，了解实际状况。

针对“因为……所以我现在很幸福”这类抽象的题目，我们先水平构思，找出可能的主题（例如旅行、家人聚餐、重要比赛），我跟女儿讨论的主题范围就是台球比赛，从中找出了一些关键词：赛前训练、每个对手、每局状况以及赛后的感想。

接着就可以用“5W1H”脉络思考法，将这些零散的关键词分类，放入每个格子中，找出这些元素之间的关系。假设比赛过程中吃便当、小点心可以提振心情与士气，就可放入，如果并不影响大局，就要删除。如果教练的战术或鼓励，还有队友的打气，对比赛有影响，就应该记下来，找到跟其他元素的关联。

从水平思考到脉络思考，我们的思考力发生了巨大的变化，比较重要、吸引人的主题，也慢慢成形。

写作的主题力锻炼，也是发散创意的过程。广告大师詹姆斯·韦伯·扬在《创意的生成》中提到：“创意是旧元素的重新组合，但在重组之前，必须要能看到不同事物之间的关联性。”

■　善用便利贴整理创意

我在写作课教学员构思主题时，也会运用便利贴辅助思考。先把各种点子写在便利贴上，最后再收拢找关联，将相关类型的便利贴集结在一起。有位学员运用这个便利贴方法，教念小学的儿子写作文，引导孩子通过思考改善写作问题。

多发散思维，多找寻背后的关联，就能不断刺激思考力，进而提升想象力。写作，不是越写越聪明，而是越想才越聪明。

下一堂课是主题力第二阶段的聚焦思考。

回顾与练习

这堂课练习两种构思主题的能力：水平思考与脉络思考。

◢练习1

构思主题：先大量构思任何与你感兴趣的主题有关的想法，写下关键词。接着找寻彼此的脉络联结，删掉无关的点子，再去串联、发展可能性。

◢练习2

写出有个人观点的文章：以街头巷尾流行的手摇茶饮连锁店品牌竞争，例如有兴有衰，有黑心商品，有新人创业等议题，练习写一篇有个人观点的文章，在网络上发表，并让他人转发分享。先试着写下关键词。

· 整理目前相关讨论议题的主要想法、元素，你自己有什么看法或是激发你什么看法，可以写出十个以上的关键词。

· 列出正反意见，搜集有趣的观点意见：写下吸引你、有趣、让你认同并产生不同想法的关键词。

· 也可以故意唱反调，从对立面来思考，写出一些关键词。

接着尝试将这些关键词用“5W1H”脉络化，找出彼此的关联性，可以列出正反意见的脉络，还有其他不同观点的脉络。练习从多角度解读这些代表什么意义。

第4课

主题力（二）如何聚焦主题

写作力就是聚焦力

写作最常遇到两种问题：第一种是又臭又长，尽管写了很多，还是不知道你的主题是什么，要表达什么，没有用清晰的针线去编织想法。第二种则是又短又干，用尽力气还是挤不出内容，因为没有想法，拿着一堆针线，却不知从何开始。

这两个问题的共同点，就是主题不清楚。

上一堂主题力（一）帮助大家练习产生想法，接着从中找出脉络关联，画出大致轮廓。但这样还不够清晰，没有明确的主题图像，手上的针线还是无法运作。

这一堂主题力（二），则是帮助写作者调整主题焦距。第一步尝试从模糊逐渐聚焦，让主题越来越清晰。第二步要思考这个主题能否引起读者兴趣，不让写作白费工夫。

思考力像漏斗，要经过三阶段程序才能成形。首先是水平思考的大量发散式构思；接着是中段的脉络思考，逐步将发散的想法梳理统整，找出关联与脉络；最后是收敛聚焦，开始垂直思考，往下更深刻、更仔细地想，思考点子之间的因果关系，运用逻辑推理更有条有理地表达你的主题。

写作力除了是思考力，也是聚焦力。从主题开始就要聚焦。就像打聚光灯一样，让你的读者一看就有兴趣、一读就掌握重点，一路读下去，最后还能收获启发、感动，觉得深刻难忘。“主题给予观众充实的时间感，也让报导与写作更有焦点。”《故事技巧：叙事性非虚构文学写作指南》写道。

脉络思考让主题有大致的轮廓。先见林，有整体观，接下来就进入聚焦的垂直思考。先找出最重要的树木主干，有了具体主题，再去关注树干上的枝叶模样。

“好的主题陈述是简洁扼要的，没有细节，但精确地勾画出故事的主轴。如果说最后的报导有如一幅油画，主题陈述则像是最初的素描，以几笔关键的线条来勾勒轮廓。”这是《〈华尔街日报〉是如何讲故事的》对主题精彩的比喻。

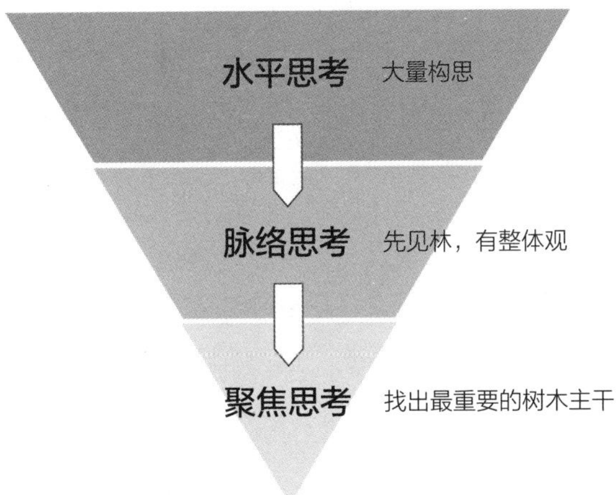

图4-1　主题思考三阶段：从水平思考、脉络思考到聚焦思考

从水平思考到聚焦思考

写作课班上有位学员找我讨论写作主题。她是葡萄酒商的客服人员，碰到的问题是大家不了解葡萄酒，她希望用简单有趣的文章推广葡萄酒。但目前已经有太多的葡萄酒文章，她不知如何从广大范围中找出适合的主题。

我运用本书第3课主题力（一）的内容来帮助她找出主题。先构思点子，葡萄酒这么多，你最想介绍什么主题？要从风土、口感、普遍性、稀有性、价格，还是历史或酒庄特色着手？

水平式的广泛构思之后，我换个角度提问，希望找出更好的切入点。我问她怎么会到葡萄酒公司从事客服。学员原本是负责医院评鉴的基金会行政人员，她希望能从事更有温度、接触更多人的工作，便换到需要跟大量顾客沟通的葡萄酒领域。

这是与她过往经验完全不同的工作，我更加好奇她如何学习品味葡萄酒的专业知识，与顾客沟通。接着我们就进入脉络思考的讨论，我询问她学习过程中最喜欢的几款酒，学到什么不一样的想法，领悟到什么价值，以便能找出主题的相关脉络。

“品酒与职场学习的关联？”这个想法触动了她的心，如此便找到了可以聚焦发挥的主题。原本茫然的眼睛露出了欣喜的神采，她说要回去把主题想得更清楚。

最后，我建议再聚焦到三款酒，让人有具体的印象，再通过深入说明特色、滋味与口感，以及她学习品酒过程的小故事，来打动读者（编按：请参考第17课）。

这一路从水平思考、脉络思考到聚焦思考的过程，目的都在紧紧抓住读者的眼球、心思与感受。如果从主题开始就无法聚焦思考，后面更容易涣散，读者的心就会一下子溜走。

聚焦深化思考，找到清晰的主题，需要借助结构化的工具。

四种聚焦主题的思考法

我将主题的聚焦思考分成四个象限。首先是关于谈论自己的部分，其次是谈论外界人、事、物，切入点又分成外在发生的大事件，以及日常生活与工作的内容。

这四个象限能帮助写作者聚焦自己关切的主题，或是被他人（主管、老师）指定的主题，找出好发挥的范围。

首先，要思考主题是跟自己有关，还是要谈外界的人、事、物。比方说要写一位职人[①]，那就不是你自己，而是他人；如果是手摇茶饮业的消费趋势，也是外界的人、事、物。这两个例子都属于第一二象限。如果是写“三款让我重新享受生活的红酒”，则属于个人范围，属于第三四象限；如果换成“轻松学品酒的三款入门酒”，则属于第一二象限。

定出范围之后，再进一步思考切入点。是要讲日常的生活工作，还是具有影响力的外在事件？比如写职人的专业，可以介绍第二象限的日常工作内容，也可以采访他工作中的重大事件，这就属于第一象限的外在大事件，例如新工作、离职或转职的影响。

前文提到的学员，如果写转职进入葡萄酒行业从事客服，就是一个重要转变的大事件。但如果她是写日常下班的品酒生活，则属于日常生活的范围。

假设是手摇茶饮消费趋势，则聚焦在第二象限，因为是在了解他

① 职人：对拥有精湛技艺的手工艺者的称呼。——编者注

人日常生活的内容，即每个人的日常消费串起的趋势。也可以归入第一象限，比如关注手摇茶饮跟重大新闻事件的关系。

还有另一个聚焦主题的角度。如果我们不想写个人的事情，可以从第一象限去思考，从某个名人的出生死亡与重要影响、重大议题，或是流行文化、重要新闻事件去构思写作主题。例如环保议题、政治、运动赛事，借由大家关注的外在大事件，去陈述你的想法与观点；由于是大家关心的题材，发文容易受人瞩目。

总之，要让主题进一步聚焦，离不开外在的话题、重要议题，或是个人要面对的问题。话题、议题与问题，都是最容易让读者关心的主题，这样写作者才能具体发挥。

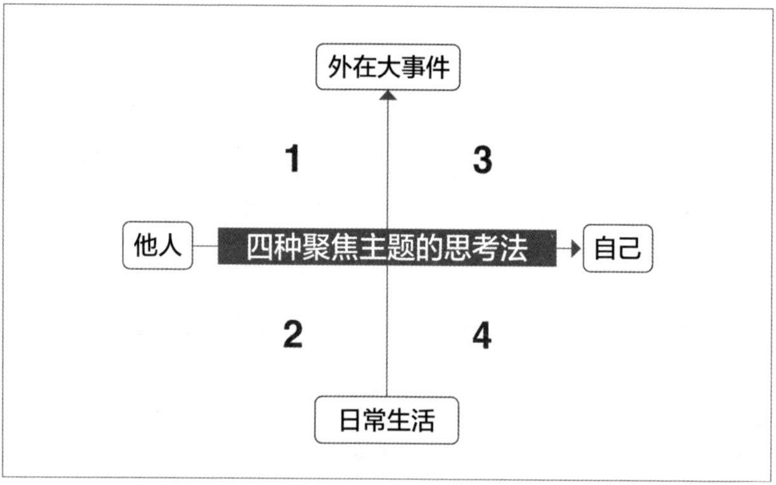

图4-2　四种聚焦主题的思考法

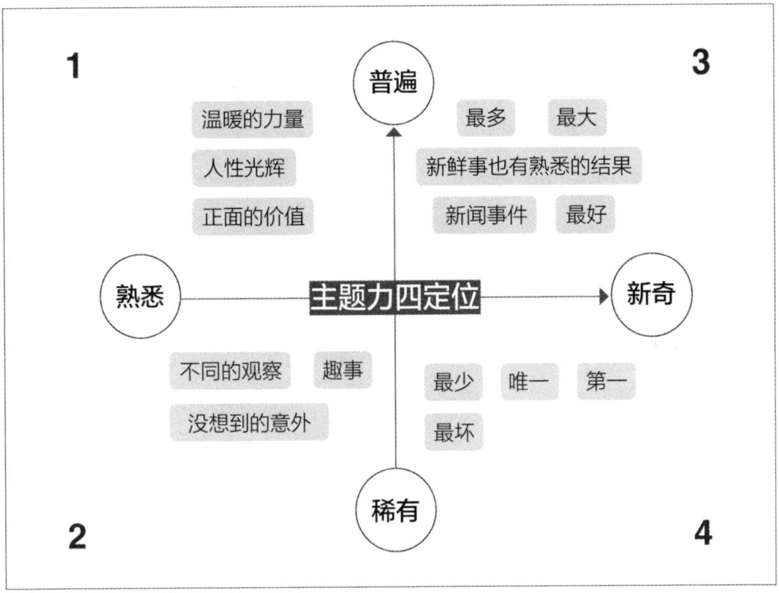

图4-3　四种主题定位

引发共鸣、新奇有趣的四种主题定位

四种主题的聚焦思考，是帮助作者进行从水平思考、脉络思考到聚焦思考的练习，让主题越来越清楚，写作内容不发散失焦。

接下来要换位思考，跳出作者的角度，从读者角度来构思。读者对我的主题有没有兴趣？如何吸引读者关心我的主题，并愿意花时间阅读？站在读者需求与感受的角度想一想，读者到底关心什么。

先回到大脑与人性的课题。大脑是个矛盾的器官，一方面很保守，很重视既有的经验，不太喜欢花能量去注意不熟悉的事情。它喜欢按照既定模式运作，能不活动就尽量不费力。另外，大脑又是个好奇宝宝，如果是新奇有趣、不需要花力气去理解的内容，也会有兴趣了解。如此矛盾的大脑，正是人生的写照。我们喜欢一成不变，有安全感；我们又喜欢新鲜刺激，追求乐趣。

你是不是也是这样的人？喜欢看同类型的书，有时心血来潮或是遇到挑战，才会去关注平常不会看的书或文章。或是习惯阅读热门畅销书，以便不落人后，有时也厌烦畅销书总是重复一样的主题，没有新意；但是看同类型的书，又会让你有安全感，强化你的认同。

以前当记者的时候，发行人总会问："读者为什么要看？"跟自己的大脑开选题会议时，这个问题就得时时放在心上。从读者角度来思考，不是去取悦读者，而是要引发他们的关心，这样你的主题才能联结到读者的需求与期待。读者想看，文章才有影响力。

读者的喜好看似多变，但大致可分成四种主题定位。

我们以熟悉与新奇两种取向来区别。第一种类型是既熟悉又普遍的主题，这个定位是心灵鸡汤。主题符合大众熟悉、主流接受的内容，通常都是正面、光明、鼓舞人心的例子。例如力争上游、热心公益或是家庭价值，这是要强化既有认知，鼓励读者努力保持。

第二种类型的定位跟上一个类型相反：在熟悉的主题中找出不同认知。这个定位是翻转既有认知、刺激新想法，从我们熟悉的主题中，翻转跟一般认知、刻板印象不同的内容，或是传达有趣、意外的事情，发挥幽默感，制造新奇的乐趣。

第三四种类型都强调新奇有趣的角度，关键字都是"最"。第三种类型定位在最多、最大与最好的事情，强调正面、普遍、受到认同的价值，这些是大家关心、好奇的事情。

第四种类型则定位在最少、唯一、第一、最难忘，以及负面的事情，比如最糟、最可怕、最可怜的事情，目的是要让读者好奇，想知道究竟发生了什么事。

以前文的葡萄酒主题为例，学员设定的主题是翻转职场价值观的三种葡萄酒。这个主题可以设定成第二种类型，谈从熟悉的葡萄酒中获得了不同的学习领悟、不同的职场体会。学员认为学习品酒的过程，不仅增长了她关于葡萄酒的知识，也让她反思了过去观察事物的偏见，于是她以对三种葡萄酒的不同领悟，来传达自己的改变与成长。

手摇茶饮可以通过聚焦思考，落在第二象限，了解每个人的日常消费带动的趋势。也可以通过与重大新闻事件的关系划入第一象限，了解消费者的需求与感受。

主题定位可以设定在第三类型：销售最多、售价最高的茶饮品，为什么这么受欢迎？

如果设定为第四类型的主题，哪些小手摇茶饮品牌有很受欢迎的独特饮品，它们与各手摇茶品牌销售第一的饮品相比，有什么特色？历年来有什么成长与变化？消费者的感受、喜好是什么？

了解不同定位和现状之后，就可推测下一季手摇茶饮可能的变化。在准备这个主题时，你也能不断构思、聚焦，找到独特的切入点。

在葡萄酒与手摇茶饮这两个例子中，四个主题定位的差异很大，必须根据你设定的读者需求、你想做的主题、希望传达的想法与态度，来决定放在哪个象限。

先思考自己的想法，再考量读者的需求，接着持续自问自答，聚焦到最好的定位。当你的写作主题有了清楚的定位，就有了明确的坐标，内容自然能紧扣主题，呈现你想表达的重点。

接下来的两堂课，要练习如何找到内容重点，以及如何呈现文章的重点，让读者能够轻松把握你的重点。

回顾与练习

这堂课练习两阶段的聚焦，让主题越来越明确。先聚焦四种主题思考，有了大方向，再聚焦四种主题定位，设定好文章的坐标。

◢ 练习1

主题思考聚焦：用主题思考聚焦上一堂课的手摇茶品牌竞争议题，思考要将文章主题放在哪个象限。四个象限都可以考虑（可从手摇茶饮、茶叶来源、新人创业或是消费者需求等角度切入）。

◢ 练习2

确定主题定位：选出你最想传达的方向，要谈正面力量还是另类特别的颠覆角度？是跟着第一象限来审视整个行业，还是想谈你喜欢的手摇茶品牌特色？

第5课

重点力（一）如何让复杂变简单

公文写得不清楚，就很难让人在短时间内理解重点。若写得层次分明，就能帮助读者迅速掌握情况。

我的写作课上也有不少公务人员，他们学习写作是为了写好请示文件或新闻稿，让上级能看懂，避免因逻辑不清、没有重点而重写。

读者的注意力与耐心是有限的。因此，除了公务人员，各专业领域的工作者在沟通表达时，也必须先学会掌握重点，这样沟通对象才能够迅速理解内容。

为什么会越写越复杂

人都不喜欢事情太复杂，但是为什么写文章就容易越写越复杂呢？有三个原因。

第一个原因是本书第2课提到的“知识的诅咒”。过度专业带来的自我诅咒，就是误认为每个人都应该跟自己一样专业、具备一样的思考角度，甚至有点自我感觉良好，忽略跟非专业领域的人沟通。

第二个原因是分工太复杂。层层分工、不断外包的过程，每个人只掌握自己的那一部分，缺乏整体观，导致不断埋头苦干，却不知道自己的专业、书写的内容跟整体有什么关联。

第三个原因是缺乏具体目标。人把事情越做越复杂、越做越难，是因为缺乏清楚的目标，导致自己的行为、想法与目标脱节。有了目标，就会不断检视既有的状况、信息与行动是否能达到标准。我们很容易陷入不知为何而忙的茫然状态。诗人纪伯伦说：“我们已经走得太远，以至于忘记了为什么而出发。”一语道破人们瞎忙的大问题。

重点力，就是要回到原点，重新找出重点。写作、思考和沟通，培养化繁为简的重点力，才能有效解决问题。因此，当我们掌握主题力，开始进入实际写作阶段后，首先要学好的技能，就是重点力。

向迪士尼乐园学写作攻略

培养重点力，最大的敌人是作者自己。作者跟读者立场不同，对作者来说，他的文章、书信或公文，都提供了完整丰富的信息，明明都写了，怎么会看不出来？对读者而言，再详细的说明、解释与数据，如果没有提纲挈领的重点，就很难从密密麻麻的文句中读出意义。

我们得先用同理心来感受读者的立场。对读者来说，面对以文字堆砌的文章或书信，有如站在幽深密林之前，深怕踏进去之后，会在丛林中迷路、无法脱身，浪费时间。因此，作者有责任将密林开辟成能够自由行走、观赏风景的公园，一路都有路标，让读者免于迷路。

重点力就是开辟道路、建立路标的能力。该如何建立重点力？可以向迪士尼乐园学习写作攻略。

如果你今天去迪士尼乐园，走进园区的第一步，你会去哪里？通常是先研究地图，了解园区各个主题馆的特色与分布位置。以东京迪士尼乐园为例，有七个游乐主题区。了解整体状况后，再安排游玩攻略：在有限的时间内，要去哪些地方玩，如何分配时间。行走移动时随时查看地图，避免迷路。

如何萃取重点

迪士尼乐园的七个主题馆，就是七个重点力。这七个主题馆一定各有不同的诉求点，但加起来能完整呈现迪士尼乐园的特色。换句话说，想知道迪士尼乐园的整体特色，就要感受七个不同特色的主题馆，这样才能了解迪士尼的品牌精神。

重点力怎么产生？来自“同中求异”与“异中求同”两种方式。

■ 从水平思考到脉络思考

迪士尼乐园的品牌诉求是成为世界上最快乐的地方，在这个原则下，如何呈现快乐？这是一个从上而下、同中求异的探索过程，需要扩大范围，仔细思考与搜寻各种内容特色，不断调整尝试之后，通过七个主题馆来传达品牌精神。

另一种重点力是由下而上的异中求同。这是许多人最常经历的过程，从庞杂信息中抽丝剥茧，经过有效分类，将同属性的信息归纳在一起，提炼共同的重点，让人一目了然。

不论是同中求异还是异中求同，都是从水平思考到脉络思考的过程。找出元素之间的关系，才能建立重点力。

我在写作课第一次上课时，请小组成员从工作、兴趣及写作需求三个方面，讨论大家的共同点。有一组发现大家的兴趣很广泛，像是看书、爬山、上课、冲浪与品酒，一时之间找不出共同点，只想到都是有求知欲且喜欢接受新知的人。

听完报告，我发现爬山与冲浪比较像自我挑战，跟求知欲无关。

我带大家重新推敲，这五个兴趣跟自我成长或重视生活质量有关，于是提出另一个角度：你们是一群重视生活质量的人。瞬间引起大家的共鸣。先异中求同，找出重点，接着再同中求异，说明细节差异。

■ 聚焦整合关键词

练习重点力，也是将关键词重新消化整理，以换句话说的方式，提出你诠释后的重点。学员每讲一个重点或想法，我就会复述一次，消化整理之后，换个说法再说一遍，传达更简洁精准的重点。

重点力的精神，就是先说大方向的重点，再讲细节，这个过程需要反复思考、推敲与整理，作者要聚焦整合，萃取出精准的重点，向读者作出提示，让他们了解大致脉络，更期待进一步说明。

就像蚕吃桑叶会吐出蚕丝一样，我们解读信息要输出消化后的重点。

魔术数字“三”的力量

蚕丝就是重点力。但问题来了，要有多少重点才算有重点？

美国国会助理要帮议员准备报告资料，他们会事先提供“掌心卡”。这种重点提示卡正面写着综合性的信息，背面则有三个论述重点，可以让议员放在胸前口袋里，帮助他们在开会与质询时传达有说服力的重点。

重点力的精神，就是让文章变成读者的“掌心卡”。但是“掌心卡”为什么只放三个重点？

“三”这个数字经常被用在各种比喻、形容与说明中。美国宪法的精神是“民有、民治、民享”，法国大革命的主张是“自由、平等、博爱”。许多营销口号或重要观念也都与“三”有关。例如日本剑道的哲学是“守、破、离”，电影《一代宗师》中提到“见自己，见天地，见众生”，比赛名次也只强调前三名。

“三”是个神奇的数字，在会议上提出三个重点，大家就会聚精会神地聆听。文章中提到三个重点，也会提醒读者，重点出现了，好像在大海中看到了灯塔。

■ 限定范围易聚焦

“三”为什么这么神奇？首先，“三”的范围够小，我们必须聚焦，想办法把复杂变简单，从众多事物、信息中归纳出三个重点、三个特色。这需要进行选择和思考，我们不能只用直觉反应，需要仔细想想才能回答。

■ 丰富视野有深度

其次，“三”也够大、够丰富，能扩大我们的视野。因为要选三，就要放宽眼界，仔细寻找与挖掘，再小的事物也有细节深度，让简单变得有深度。

■ 转换角度助创新

再次，“三”让我们转换角度。只讲一个重点或想法，会太绝对、太强烈，没得选择。只有两个重点又好像二元对立，非黑即白，不得已只能二选一。除了一与二之外，“还有”三，就会让我们跳出既有状态，认真找寻第三条路，产生创新思维。

其实“三”就是产生一个转折点，带来不一样的感受。比如星巴克咖啡形容自己是家里与工作场所之外可以放松歇息的“第三空间”。

因此，重点力要结合魔术数字“三”，文章强调三个重点，读者不会有压力，好记又容易接受。从“三”开始练习重点力，文章会更加精准有力。

写好，不用写满

只有“三”还不够。过去的写作习惯是写好更要写满，好像字越多，每段内容越厚重，就代表内容越丰富。这只是作者一厢情愿的想法，读者只想了解作者想要表达什么，有什么重点，跟他有什么关联，对他有没有帮助。

因此，写好跟写满无关，而在于有没有写出读者在乎的重点。除了掌握三个重点，重点力还有一个最大的特点，就是简短有力。如果每个重点都又臭又长，读者依然无法了解重点。

■ 重点力三S原则

如何让重点简短有力，使文章好读、好记、容易理解？重点力三S原则，就是简单（simple）、简短（short）与具体（specific）。“简单”就是文字要好读；“简短”就是让读者好记；“具体”是文字不抽象虚幻，让读者能联结到自己的经验，便于理解。

运用三S原则，会让重点力更具吸引力，从字里行间脱颖而出。

简单不简陋

如何运用三S原则让你的文章有力量呢？重点力首重“简单”，然而“简单”并非“简陋”，“简陋”是内容贫乏不充实，“简单”在于掌握事物的核心。核心是最重要的中心价值，当一切元素都可以抽掉，剩下唯一不能删除的元素，就是核心。

你可以问自己，这篇文章最重要的目标是什么？例如让自己开心、对外展示自己的才华、想让很多人转发……你最想达成那个目标就是核心。

简短就易懂

掌握了“简单”的核心原则，接着就是如何传达。文字要简短有力，让读者一眼就看懂，不会迷失在冗长字句中，无法了解意思。像“和平”“土地”“面包”“自由”“平等”“博爱”，这些词短而有力地穿透我们的脑海，印刻在我们心中。

“简短”也是练习换句话说，删掉赘字冗言，用一句话写出重点。许多口号、广告文案和电影名称，都是简短有力、易读易记的。像耐克的广告语“just do it”、苹果的广告语“think different”，还有歌词或是四字组成的成语，越短就越有节奏和力量。

但是要提醒大家，尽量不要用成语当重点。成语简洁好用，人人耳熟能详，但身为作者，用成语是不深入思考、偷懒走捷径，会失去文章的独特性。要尝试换句话说，用自己的想法重新传达重点。

我经常问学员："你的意思是？"就是请他练习用自己的话把意思讲清楚，从中整理出最重要的核心元素（简单），再修剪成好记的句子（简短）。

"失败是成功之母"，这句话讲了等于没讲，要如何让它简单又简短呢？强迫自己仔细想想，不要回到套用成语的惯性思考。你可以这么写：成功来自失败中的学习；学到教训的失败，不是真正的失败；成功来自尝试错误的累积。

放上动词就变具体

大脑不容易理解抽象的词汇，如果不能产生联想与感受，就很难让人联结到自己的具体经验。抽象的词汇如"勇敢""坚忍""创新""永续"，看起来很正面且普遍，但每个人对这些词的解读与认知未必相同，如果没有具体的文字去勾连，读者很难有印象。

"多了解顾客，才能拓展商机"。这句话大家都知道，也不特别吸引人，这样你想说的重点就没有重量了。该如何换句话说，转换成更具体、令人印象深刻的表达呢？

写作课学员转换成了"多了解顾客，就能够在弯道超车，打败对手"，全班同学就"哇"地一下被打动了。"弯道超车"听起来很有感觉，也有具体画面，让读者更想继续读下去。

"弯道超车""just do it""think different""享受有质量的生活""成功来自尝试错误的累积"，有一个共同特色，就是有"动词"。有动作就有力量，就会让读者产生画面联结感与具体的感受。

掌握"简单"、"简短"与"具体"的三S原则，你的三个重点、文章的“掌心卡”，就会特别鲜明有力量。

回顾与练习

这堂课谈三个重点力，以及三S原则。

◢ 练习1

运用三S原则：经过主题力两堂课，想想你要写的主题是什么，有哪三个重点。再运用三S原则，将这三个重点简单、简短、具体地写出来。

◢ 练习2

快速整理三个重点：在最近阅读的书或文章中快速整理出三个重点，用自己的话消化后，运用三S原则说说看。

第6课

重点力（二）
鱼骨写作法，让文章有重点更有亮点

刚当记者时，我换过几份媒体工作，影响我最深的是专挖股市与企业内幕的《财讯》。我学会了分析企业财务报表，掌握了企业的财务操作手法，也曾经曝光一家上市公司炒作股票、制造获利表象的问题。

我希望在采访与写作上更上一层楼，因此决定跳槽到《天下杂志》，原以为能够发挥调查采访与写作的能力，结果却遇到很大的挑战。虽然经过了岗前培训，写了很多阅读心得，但是我负责的路线是比较艰深的金融领域，交出去的文章经常被评价内容太生硬，或是出现太多术语。渐渐地，我的稿子经常被大幅修改、删减，能够正式刊出的次数非常有限，我在这家杂志社的角色似乎越来越边缘。

这种状况持续了好几年。尽管我也会写其他财经报道，有时写得还不错，但还是会被批文章太干了，不够生动有趣。我很想突破，每次都会仔细研究文章被修改的症结，但进步幅度一直不大。主管给了我不少写作建议，例如多读诗、勤练文笔，或是多观察资深同事的好文章，但我始终找不到好方法。

是什么让我从一个为写作而苦恼的记者，变成了一位教写作的专业教练？

段落思考VS句子思考

关键的转折点是，我发现了写作的秘密。如果请你回答，写作的基本单位是什么？是字、词、句子，还是段落？我在课堂提出这个问题时，学员们几乎都回答是句子。

我接着问，如果要明确表达想法，一个句子能说清楚吗？大家摇摇头。如果要通过文章阐述想法，要写多少个句子？写完之后，这些句子彼此串连起来是什么状态？

大家恍然大悟。原来要把想法写清楚，不是靠句子，而是靠句子连结而成的段落。

句子思考与段落思考的差异是什么？句子思考容易陷入写出优美漂亮的句子的误区，注重雕琢文字技巧，但是缺少对文章整体结构的完整思考。段落思考则是构思整个段落要表达什么，哪些句子可以呈现整段的中心思想，句子之间能否相互呼应，有条理有逻辑，让读者理解内容并且被说服。

换句话说，句子思考只注意句子本身，段落思考则重视句子之间的结构，即句子之间的关系与连结。

知名小说家斯蒂芬·金在《写作这回事》中强调，在谈基本形式及风格之前，我们应先想想段落，组织形式常紧随在句子结构之后。他也在书中说明，最重要的部分就是段落，因为段落就代表书想表达的内容，段落等于书的地图。

有了段落思考，你就会考量段落之间的关系与连结。就像上一堂重点力（一）谈的地图路标，每个段落也就是重点力的呈现，一个个段落就是整篇文章的路标，它们能帮助读者阅读和理解。

因此，每个段落内容不只传达重点力，也要让读者不迷路。知名的认知科学与心理语言学家史蒂芬·平克，在他的写作名著《风格感觉：21世纪写作指南》中强调，段落是一个视觉上的书签，让读者停顿下来，喘一口气。

段落还有不同层次，段落之间连成区块，区块再组合成完整文章。比如重点力（一）提到的三个重点，每个重点都是由几个子重点，也就是几个段落组成，三个重点就是三个重点区块，每个区块分别由不同段落、不同重点串连而成，这几个区块最后再串成文章。

段落有层次，就能帮助思考产生深度层次。作者不能一口气就写完一大段，可以分拆成好几段来阐述，每段各有重点，思考也有不同的节奏。这样读者在阅读上也较不费力，每段就像一棵树，注意力比较好聚焦，不用费力阅读有如浓密森林的厚重段落。

但是台湾地区传统语文教学中，几乎都偏重句子思考，没有关注段落思考。总是先练习造句，而不以每一段来讨论，也较少强调段落在整篇文章中代表的意义，容易偏向修辞美化的技巧，比较缺乏结构思考。这样一来，不管是阅读还是写作，都不易深入把握文章的整体脉络与重点。

当我在写作课上讨论段落思考与句子思考时，许多学员都以为段落又满又密才是内容丰富的好文章，结果就造成文章又闷又长，为写满而写，连作者自己也迷失在文章之中，走不出来了。

段落该如何结束？如果你的这段意思已经讲完，就要告一段落。缺乏经验的作者倾向靠拢学者而非记者，分段太少而不是太多。对读者展现一点体恤总是好的，让他们困倦的眼睛不时歇息一下。《风格感觉：21世纪写作指南》指出，要是一个句子不是在解释上一句或接续它的意思，就可以在这里划下分段的界线。

宽松有致的段落，让作者聚焦，也让读者好读。到底段落应该要多少行才算适中呢？其实没有标准答案，有时候一句话就是一段，有时三到五行，有时七八行，要根据文章内容而定。

表6-1　句子思考VS段落思考

句子思考	段落思考
重视文句优美	重视整段的表达与句子的结构
只注意句子本身，缺少对文章整体结构的完整思考	注意句子之间的关系与联结，是否相互呼应，有条理有逻辑

鱼骨写作的秘密

我后来开始大量阅读优秀记者的文章，从杂志到书籍，逐段拆解他们的写作方式，边拆解边思考这是怎么写的，经过大约三个月的自我训练，我从中发现了写作力的秘密。

其实这是公开的秘密。因为《天下杂志》的写作风格仿效国外媒体，例如《华尔街日报》《时代》杂志与《财富》，而他们运用的写作方式，几乎都来自1918年出版、由康奈尔大学英语系教授威廉·斯特伦克写的《英语写作手册：风格的要素》，这本书就连惊悚小说大师斯蒂芬·金都奉为典范。

这个秘密很简单。斯特伦克提出了十大英文写作守则，第一条就开宗明义地把每个段落视为一个单位，每段以一个主题句开头，且务必句句相扣，目的是要让读者在每段的开头就掌握该段主旨。

斯特伦克讲的是“主题句”，《天下杂志》与内部使用的采编教科书、《华尔街日报》主笔写的《〈华尔街日报〉是如何讲故事的》，叫作“摘要句”或“概括句”，意思就是每段要先讲主题，再说明细节。

虽然主管教过如何运用，但我当时不明白其中的缘由，只能硬套，并不了解段落思考的意义与重要性。

看其他杂志记者的文章，大部分也掌握不好主题句的运用。一般报纸甚至网络媒体，文章段落也几乎都是又厚又长，没有重点，不易阅读。

为了帮助大家更好地理解主题句、摘要句，我改用鱼骨写作法来具体说明。鱼一定是先长出骨骼，再沿着骨头脉络长出血肉，这跟写作的道理一样。鱼头就是主题句、摘要句，鱼头之后紧连着鱼骨，就是这段的主题，鱼肉就是沿着鱼骨长出的内容，这是支持主题的细节，鱼尾就是这段的结论。

鱼头句就像森林的路标，或是收纳盒上面的标签。这个好处是让读者一眼就知道重点，大略知道段落要讲的内容，如果时间有限，只看每段的鱼头句，就能了解文章的整体意思。

充分运用鱼头句，文章就能聚焦重点。因此，厉害的鱼头句要体现重点力三S原则，即“简单”“简短”与“具体”，进而使读者好读、好记、好理解。

鱼骨写作技巧不只重视开场的鱼头句，也强调段落的结论鱼尾句。斯特伦克在《英语写作手册：风格的要素》中强调，他的主题句原则是帮助读者阅读，并持续掌握该段的目的，因此段落结构分成三阶段：第一，主题句在首句或前几句出现；第二，对主题句进行解释与叙述；第三，末句强调主题句的想法或陈述一些重要结论。

运用鱼骨写作法就能写出完整的段落：用鱼头句开场，再以鱼肉情节阐述鱼骨主题，鱼尾要有结论，然后再开启下个段落。下个段落开场，就要紧扣上一段的鱼尾句，建立段落之间的逻辑关联。

我后来是怎么学会运用这个方法的呢？除了拆解优秀资深记者的作品，了解他们怎么运用鱼头句，我还会去分析写得不好的文章，发现它们的问题都是文章重点不明、结构不清以及段落内容太多。

这些问题的共同核心就是思考不精准。我开始练习改写这些不太成功的文章，每段拉出鱼骨主题，重新改写鱼头句，精简鱼肉内容，改写鱼尾结论。

大量的刻意练习等于在帮这些文章做医美整形，我把这些东西应用到自己的报道内容中，持续精进写作能力。慢慢地，我开始能够驾驭一万字的长文章，也能提点、修改下属的文章。即使我现在已经出了七本书，依然在坚持努力练习让鱼头句越来越简洁有力。

这个逆向练习过程是最好的精进实操。我的经验也呼应了《风格感觉：21世纪写作指南》所说的："作者的写作技巧来自发掘好文章的例子，品味它并做出逆向工程。"

这段刻骨铭心的经验，让我掌握了写作这个简单却又不简单的秘密。我深刻地了解到，鱼骨写作就是最基础的功夫，能够灵活运用它，写作功力就能大幅跃进。因此，我在写作课第一堂就直接教重点力的鱼头句写作，课后作业只要求学员大量练习运用鱼头句，然后我会在课堂与作业中进行点评修正。

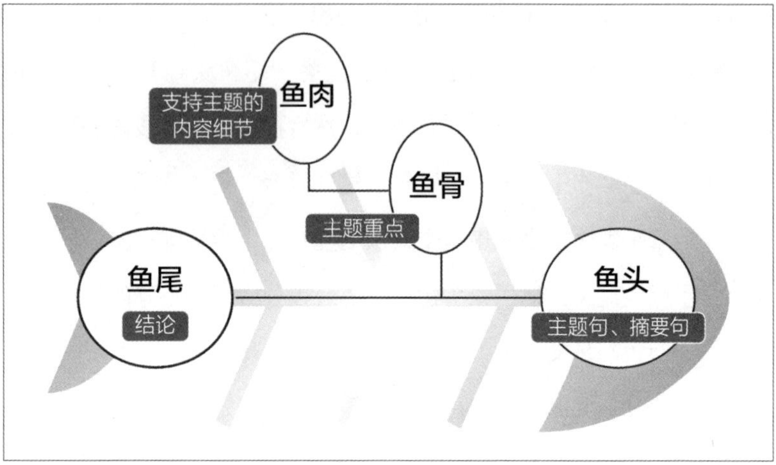

图6-1 鱼骨三阶段写作法

不要慢慢来，每段主角立刻闪亮登场

我从学员的鱼骨写作练习中发现，大家并不习惯这种逆向思考的写作方法。最常见的问题有两个：第一个问题，鱼头句还是藏在段落中。要让大家想清楚鱼头句，很花时间。有一位学员先用传统写作法，十五分钟就写完了；接着他改用鱼骨写作法，先写鱼头句，再说明鱼肉内容与鱼尾结论，就花了三个小时。学员说，先想清楚再写是一大挑战，因为没有勇气第一句就破题，所以总喜欢铺陈迂回。

第二个问题是，鱼头句用得很生硬。每段开头写出一句简短的话，但是跟后续鱼骨主题扣连不起来，或是句子写得很长，已经失去鱼头句简短有力的意义。

以下的例子，是学员上完第一堂重点力课之后的习作。

鱼骨写作个案篇

学员版

创新与感受力总在时间流逝中忘记了。灵感总在刺激中产生，在时间漏斗中消失，痛苦和快乐的感觉会忘记，但写下记忆的文字可以被留下。

我妹妹常跟我说小时候的事，我却总是忘光，只有她说，我才想起。不像妹妹一样有数十年记忆力的大脑容量，所以我很向往能通过书写，把美好的记忆记录下来。

让记录的文字变成有意义的影响力。我很羡慕在社交媒体上自在发表文章的人，无论是学习、旅游、事件观点、职场、彩妆、3C[①]、料理心得等，因为主动分享，所以能够通过搜寻与浏览，得到新知、启发或解答。

怀抱着延长记忆力和贡献所学的决心，来报名了写作课。

① 指计算机（Computer）、通信（Communication）、消费类电子产品（Consumer Electronics）。——编者注

以下是我修改鱼头句、修润句子后，更为紧凑的2.0版本。

修正版

创新与感受力总在时间流逝中消失，写下记忆的文字可以被留下。

但我记性不好。妹妹常跟我说小时候的事，我却总是忘光，所以很向往能通过书写，把美好的记忆记录下来。

文字不只用来记忆，还可以变成有意义的影响力。我很羡慕在社交媒体上自在发表文章的人，无论是学习、旅游、事件观点、职场、彩妆、3C、料理心得等，因为主动分享，所以能够通过搜寻与浏览，得到新知、启发或解答。

怀抱着延长记忆力和贡献所学、对社会产生正面影响力的决心，我报名了写作课。

这个修改让鱼头句更清楚，也承接了上一段结尾的内容

删除了重复的内容，更紧凑、有重点

补充“对社会产生正面影响力”这句话，让贡献所学的意思更清楚

这句就把记性不佳的问题囊括了，不用再多说

解析

这个案例的问题，在于过去的写作惯性：

① 喜欢把重点、主题藏在段落中，似乎怕被人一眼看穿。

② 想法不聚焦，边写边想、边想边写。写完后，没有仔细消化想法，不清楚到底要呈现什么主题。没想法，就写不出鱼头句。

③ 段落间没有关联，上段的鱼尾句跟下段的鱼头句没有关联，读起来会有不知道在说什么的感觉。

■ 练习鱼骨写作的方法

要练习好鱼骨写作，第一件事就是勇于呈现自己的想法。你的想法与重点就是主角、大明星，是要立刻闪亮登场、接受台下观众欢呼的人。总不能先把配角推上台，主角再上去，那就逊色了，也无法让观众了解你的魅力与特色。

如果连你都不清楚自己的主角，读者就更不清楚。磨炼好聚焦思考的能力，才能充分运用鱼骨写作法。

想要练好鱼骨写作，还可以多看纪录片。大家可以留意国内外知名纪录片，或是国家地理频道、探索频道，这些作品的特点是会用一句话串场，讲出一个重点，后面剪辑出支持这段话的画面，例如野生动物追逐或是一些数字和一个人的引述。

文字要简洁有力，才能带领读者感受与了解接下来要呈现的画面，我自己也经常看纪录片每个主题的鱼头句（切记不是看台词），并猜测后面可能出现的画面。

大家不要理解为鱼骨写作只能用在理性论述的文章中，其实小说或是说真实故事也可以运用鱼骨写作，它能使行文流畅，让文字更利落简洁。

日本推理小说大师东野圭吾的小说，甚至是武侠大师金庸的作品，他们的段落都很简单，并善用句号。每段先有一个鱼头句开场，可能是说明一个状态、情境或心理感受，紧接着就是动作画面或对话，这都属于鱼骨写作法的范围。

回顾与练习

请将你写过的文章（例如请示文件、公文，或各种写作主题）重新拆解，整理每段文字，并运用鱼骨写作法来改写。

◢ 练习1

逆向拆解：练习用三S原则，改写旧文章的鱼头句。练习重点：用一两句话来写出鱼头句。

◢ 练习2

撰写应用心得：比较修改前后的差异，再运用鱼骨写作法写出应用心得。

第7课

结构力（一）逻辑金三角的思考内功

我当记者时，隔壁来了一位新记者，我发现他每天一直在计算机前写稿，有时发呆、抱头苦思。原来他的文章屡被退稿，反复修改主管还是不满意，结果越改越乱。

他告诉我，他努力采访了许多人，将每个人讲的话整理出来，也一直调整文字技巧，但主管始终不满意。我看完他的稿子，发现不是技巧的问题，而是很多地方交代得不清楚，导致文章流于表面，内容不深够入。我鼓励他赶快补充更多角度的采访，并且多追问想法的来源，把逻辑弄清楚。这样一来，文章才能让读者理解，也才能说服他的第一位读者——主管。

不只是记者，包括我在内的许多其他职场人，在写作、写简报、写信或企划书上，都曾遇到这种逻辑混乱与文章结构不清的问题。

探究这个问题的外部因素，首先是教育方式的影响。我们在学校只是被动接受知识的输入，没有练习逻辑推理的思考，不善于深度学习，导致我们的表达只在表面打转，无法切入核心。其次是网络信息发达，找资料很容易，让我们习惯了复制粘贴，最后的成果看似丰富，实际上却零散破碎，缺乏铺排整理。

写作的目的，在于清楚表达你的想法或情感，无论是理性的论述文章，还是感性的抒情散文，甚至诗歌，都需要结构的聚焦与引导来驾驭庞杂的想法与资料，进而呈现有条理的内容，让他人理解，达到沟通的目的。

因此，学习重点力之后，还要强化结构力。结构力分成内功的结构思考心法，以及外功的结构写作方法。这堂课以结构思考为主，掌握段落思考的小结构，以及整体文章的大结构，才能让文章有清晰的含义。

书写上的快思慢想

教写作班的过程中，我发现一个有趣的现象。学员在写课后作业时，总是反映很不习惯，甚至认为自己不会写作了。因为过去凭着感觉，想到什么就写什么，现在却要先写重点鱼头句，再写后续内容，导致要思考很久才能下笔；即使写了，还得反复检查修改，甚至得大量删除不相关的句子与段落。

鱼骨写作练习违反学员的写作惯性。他们产生了疑惑，原本想学快速有效的写作方法，上完课之后反而写得更慢，甚至有人更害怕写作。

随着学员慢慢熟悉这套写作模式，他们逐渐越写越快，能够快速建好结构，有效抓到重点，再开始写内容细节。在十堂课结业时，大家纷纷说自己变聪明了。我很惊讶，大家原本不就是聪明人吗？

当阅读诺贝尔经济学奖得主、知名心理学家丹尼尔·卡尼曼的著作《思考，快与慢》之后，我找到了答案。

卡尼曼认为，人用两种思考模式来面对每天的决策。第一种是直觉反应的快思，就是不假思索、不经思考便得出结论，以过去的经验、既有印象来应对；第二种是深思熟虑的慢想，需要花时间对事物进行理性评估，相对而言出错的可能较少，却得花力气克服自身惰性，进行深度思考。

那些流于表面、不够深入，或是逻辑混乱的文章，往往是只凭感觉下笔，或是赶时间写成，甚至只为了应付主管的交代，没有运用慢想。

慢想的写作方式，需要仔细推敲的逻辑思考。这是一种把复杂事情组织化、条理化的方法与步骤，要找出想法、句子之间的前后顺序或上下从属的逻辑关系，也就是主题力（二）提到的垂直思考。

鱼骨写作的逻辑金三角

什么是逻辑?《麦肯锡新人逻辑思考五堂课》指出，逻辑是由三个元素组成的黄金三角结构，包括“主张”“根据”与“结论”，或是白话一点，由“认为”“因为”与“所以”三个词组成。运用这个推论结构，沟通表达才能让人理解，否则容易在细节中打转，抓不到重点，也无法提出让人信服的证明。

逻辑思考也是一种结构思考。结构是事物背后主要元素的运作关系，结构力就是创造各要素的联结与整合，让关系井然有序、有条理脉络的能力。文章要有说服力，就得运用黄金三角结构，先打好逻辑地基。

以鱼骨写作为例，每个段落就是一个小结构。鱼骨中间的脊梁就是主题，鱼头是“主张”的句子，脊梁两旁延伸的鱼肋骨就是逻辑结构，沿着肋骨长出的鱼肉就是一句一句彼此相扣，用来说明、解释主题的内容“根据”，最后的鱼尾就是再度主张、确认主题的“结论”。

文章逻辑顺畅，说明思考清晰。对读者来说，文章有重点，段落分明，整个推论过程都让人信服，没有卡顿、疑惑之处，阅读过程就像溜滑梯，一路滑下，流畅无阻碍。

我在写作课上请学员进行小组采访，并报告访谈重点，其中有一组提出“社会系女生的反社会性格”。我很好奇为什么要用“反社会”这个词，就请他们仔细说明。原来，受访的女生在台湾读社会学，后来出国读国际政治，她不喜欢被约束，自认有反社会性格，后来爱上植物带来的香气与氛围，决定放弃学位，投入花草精油的领域中。

然而，他们报告的内容却跟这个鱼头句“社会系女生的反社会性格”没有逻辑关联，只是听到受访者丢出的名词，没有深思追问就下判断，思考深度不足。要做调整与修正的话，不需要改变内容，就是得思考新的鱼头句。我建议了另一个鱼头句，“从学术人变植物人”，后面再说明她如何从学术领域转换到植物香氛专业，这样就有逻辑关系了。

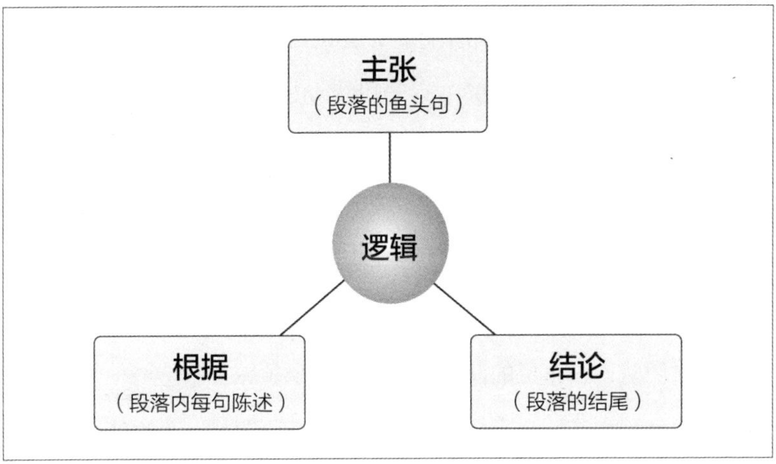

图7-1　呼应逻辑金三角的段落思考

确认鱼头句与内容重点，这个过程需要慢思细想，不断检视，就像一阶一阶吃力地往上爬楼梯，最后从读者角度逆向思考，让读者有溜滑梯的顺畅感，从而实现精准沟通。

跟乔布斯学结构力

过世的苹果首席执行官乔布斯，其实是一位结构力大师。1997年，当时苹果公司已经濒临瓦解，产品数量多达四十种，包括计算机、笔记本电脑、打印机、掌上计算机，每种苹果计算机又有不同的规格与零件，产品线过于复杂，品牌定位混乱，不只消费者搞不清楚，连内部工程师也不清楚。

当时苹果公司只剩九十天就要破产了。有人问当年如日中天的戴尔计算机首席执行官戴尔，如果他接管苹果公司会怎么做。他大声回答："我会关门大吉，把钱还给股东。"乔布斯就在这个风雨飘摇的时刻重返苹果，担任临时首席执行官，尝试让苹果起死回生。

《史蒂夫·乔布斯传》中有一段生动的描述。乔布斯在一次大型产品策略会议上，受不了冗长无效的讨论，突然大喊："这简直疯了！"然后拿起一只马克笔，以白板为框，画了一条横线和一条直线，分成四格矩阵，分别写上"一般消费者"与"专业人士"，"台式计算机"与"便携式计算机"。

他对团队说，苹果的任务就是为这四个领域各制造一种伟大的产品。苹果就因为这四个方格重新聚焦，逐渐迈向另一个巅峰，消费者也因此对苹果有了清楚的认知与期待。

乔布斯示范了结构力的精髓。过去苹果的问题在于没有结构，每个人都只考虑自己的产品内容细节，让产品无限蔓延，不只失去整体观，也陷入越来越复杂混乱的流沙中，逐渐走向集体毁灭。乔布斯通过精准的定位与分类，重建结构，让品牌简化聚焦，抛出一条绳索，将大家从流沙中拉出来。

结构力这条绳索，让我们通过慢想找到主题与定位，拥有整体格局之后，接着找出关键重点元素，建立稳固的结构，再填入最适合的内容，去强化主题定位。

我们可以将结构当成是一个硬件，里面要嵌入丰富的软件。例如有了书架，书本才能分门别类放在适合的位置。结构也像建筑体，盖房子先要打好地基，接着立钢筋、建梁柱，基础结构都稳固了，才能灌浆灌水泥，有了室内结构，才能做后续的室内装潢。

写作也需要无形的结构硬件。没有结构，文章就是一大坨没有骨架支撑的血肉，无法站起来；有了稳定的结构，内容才能依序填入，传达文字的力量。

我们可以运用四个象限来思考结构力，或是运用上一堂课重点力（一）的魔术数字找出三个重点。分类切出四象限，或是找出三个重点，都能帮助你架出好的文章结构。

结构力就是创意力

结构力还有一个关键，就是分类的创意能力。除了要找到事物的关键要素，还需要不同的观察与创意。运用独特的分类能力，才知道要怎么规划安排，有效布局。

过去苹果公司实行的是“机海战术”，消费者想要什么，渠道经销商想要什么，总公司就不断提供新产品，导致同一个产品线有十多种不同规格，作业系统、零组件、组装方式都不同，只有琐碎的小分类，没有创意的大分类。

乔布斯则是从市场未来进行思考分类。先找出顾客定位，以及顾客的使用方式，他运用二分法，分割出四种定位，运用简单的结构把复杂的问题结构化。将思绪集中在结构中，思考会更深入、更有效率，甚至更有创意。

因此，结构力不只是深入的逻辑思考，更是多元的创意思维。为什么结构力就是创意力？因为两者的核心都是整体观，知道自己的定位与方向，才不会陷入细节流沙的困局。

总地来说，结构力就是一种思考步骤与方法。先厘清主题定位与方向，接着化繁为简，找出核心关键要素，最后了解要素之间的脉络关系，找出顺序与关联。简单非常不简单，乔布斯也引用达·芬奇的说法：“简单是终极的复杂。”

开始练习结构化思考

当写作有了结构力这条绳索，作者可以俯视文章全貌，读者也能快速掌握重点。例如每段的鱼头句，就是呈现这段的整体样貌，每个区块重点展现这个区块的方向，整篇文章的观点帮助读者快速掌握文章重心，不用一直猜想作者到底要写什么。

我曾在台湾大学农业经济学系总裁班讲授“精准表达力”的课程，学员在现场分成小组讨论他们遇到的沟通问题。最后，现场列出的问题包括：讲话没重点、无法拿捏情绪、希望讲接地气的话、如何简化复杂信息、如何让员工通过沟通彻底执行任务、客户需求不清楚、资深与资浅员工的沟通有问题、跨部门沟通有问题、如何让消费者清楚产品特色、希望让生产线员工明白生产流程并彻底执行。

我把这十个问题与需求都写在白板上，接着找出关键元素，尝试对症下药，帮助他们提升精准表达力。我利用课程中间的午休时间，由这十个项目出发来思考，重新架构课程内容。

找出结构的思考，可以分为三个步骤：第一步是确定主题定位，就是确定精准表达的需求；第二步是简化信息，找出关键元素；第三步是厘清关键元素彼此之间的关系，建立新的结构。

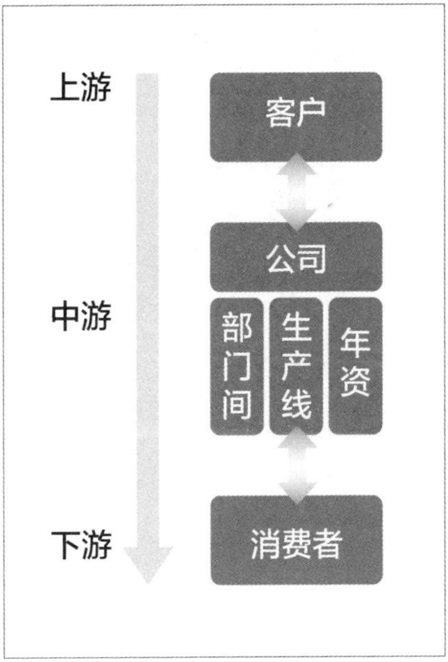

图7-2　沟通问题与学习需求结构图

我画出的结构（见图7-2），是从上游到下游的三个关键元素，客户、公司本身与消费者。第一是公司如何了解上游客户需求，第二是公司如何让下游消费者了解产品特色，第三是公司内部的沟通，包括部门之间的沟通、生产线上的执行力、资深与资浅员工的沟通，以及企业总裁与员工之间的沟通。

有了这个结构图，我再一一检视学员提出的沟通问题。这样做的好处有三个，一是让我能够更妥善地安排学习重点，更好地满足学员需求；二是让学员知道自己的问题在结构中的位置；三是让学员理解，要先学习结构化思考，才能精准表达。

我鼓励大家慢慢练习，多动脑筋，培养结构化思考的内功，下一堂就进入结构化写作的招式，让写作更精准。

回顾与练习

这堂课教两个结构化思考的方法：（一）运用逻辑金三角，进行鱼骨写作法，让段落思考更扎实。（二）通过大结构的思考，找出三重点与四象限，让文章有稳定的结构力量。

◢ 练习1

画出自己文章的结构图：找出自己写过的文章，重新画出结构图，可用三重点或四象限来整理。

◢ 练习2

画出别人文章的结构图：找一篇杂志或重要的网络文章，画出文章的结构；若没有清楚的结构，可尝试改写，运用结构化思考找出关键元素，重新建立结构。

第8课

结构力（二）金字塔外功，让写作更精准

哈佛大学创新教育专家托尼·瓦格纳与著名风险投资人泰德·丁特史密斯合著的《为孩子重塑教育：更有可能成功的路》一书，引用了美国国家教育进展评估对高三学生写作能力的分析，52%的学生属于基本程度，也就是文章思路具有一致性及完整结构，并能通过文字叙述充分表达想法，文章所用相关细节与举例说明能够支撑或扩展主要论点。

另外，24%的学生属于文笔流畅的水平，除了基本程度外，还能用清楚、简洁、有逻辑的方式呈现想法。只有3%的人达到了妙笔生花的高阶程度，这些人用词做到了精心布局，清晰地表达了主张，具备很强的修辞能力。

美国国家教育进展评估的标准，其实也是职场写作沟通的基本标准。文笔流畅是重点，妙笔生花的修辞能力并非基本配备，支撑文章站立起来的还是结构。

金字塔原理写作法

写作结构是一种文章布局的方式，让内容有支撑的骨架，帮助作者清楚简洁地呈现想法。我认为，多数文章的问题在于没搞清段落思考与句子思考的差异。学写作不是花时间练习成语，堆砌华丽句子，而是要练好逻辑思考、段落思考这些基本结构。

我要介绍另一种精准有力的写作结构，供大家练习。不知道大家是否观察过，香槟塔的搭造一定都是自下而上的，先打好基础，再一层一层往上堆叠。越往上搭香槟杯就越少，塔顶就只有一杯，这时就呈现出一个金字塔形状的香槟塔。

搭完香槟塔，接着从上而下倒入香槟，香槟顺流而下，依序斟满每个高脚杯。当我们开始取香槟杯庆祝时，也得从上往下拿，这样香槟塔才不会倒。

换个角度想，写作就像是搭香槟塔。作者先从底部思考、整理资料，一层一层找出重点，慢慢往上叠加想法，最后呈现那个独到的观点与结论。

从读者角度来看，是由上往下取香槟来喝。读者先看到香槟塔的脉络，再看到最上面的观点或结论，由上往下依序阅读，就能了解整个香槟塔是如何建构而成的。

香槟塔具体展现了写作的结构。在企业管理界，知名的麦肯锡顾问公司就将这种思考、写作与解决问题的逻辑方法称为“金字塔原理”。

芭芭拉·明托在《金字塔原理》中强调，文章写不清楚，原因除了句子太冗长累赘，太专业抽象或段落铺陈很糟糕的个人风格之外，第二个更普遍的原因，则是文章结构的问题，作者表达这些观点的顺序，跟读者大脑处理阅读内容的能力有冲突。

明托强调，读者都是先接受主要观点，才会再去了解次要、支持性的观点，也就是由中心思想绑着好几组观点的金字塔结构。通过自上而下的呈现与说明，可以轻松地将观点传给读者，再由上往下一层一层解答读者疑问。

我吸收了《金字塔原理》里的写作概念，予以简化并加入自己的观点，重新建构了自己的金字塔写作版本。

金字塔写作是从观点、重点到情节，由上往下组成。但是构思过程中，往往都是用倒金字塔来思考，从一堆资料中消化、归纳出重点，再提出自己的观点结论。除了独有的观点，支持观点的重点，还要有能打动、说服读者的情节内容，这样一层一层的构思，才能让金字塔的基础扎实稳定。

金字塔可以很简单，也可以很繁杂。支撑第一层观点的第二层观点，也是一个小金字塔，是由支持重点区块的下层段落群组成的。如果再细拆到每个段落，也是一个个小金字塔。

看似繁复的金字塔，只要掌握金字塔原理，作者与读者就不会失焦。论述过程都先说重点，再说细节。读者在阅读时，能通过流畅的逻辑推论和有吸引力、说服力的内容，精准理解作者的写作目的。

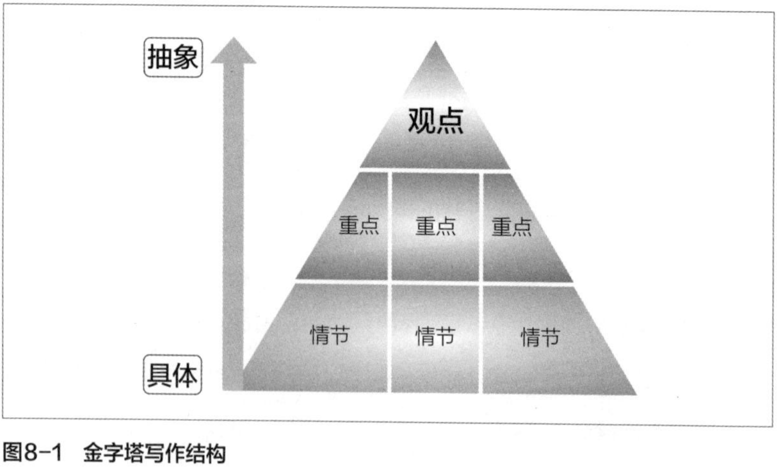

图8-1　金字塔写作结构

思考视觉化，写作更精准

这样的写作结构简洁明快，更符合现代职场、网络时代的沟通需求，以及新课标素养导向的表达。为什么我会这么有自信？

我的写作课学员里，有不少是高中、初中的语文老师，他们教作文有两个困扰。首先得讲述题目情境，示范可以参考的写作方向与内容，指导学生练习。学生不太会归纳重点，导致文章铺陈过长，要么模仿老师或课本的写法，要么用大量的成语与修辞来点缀文章。

其次，现有的教学方法很难培养学生形成自己的观点。老师过去多半教学生写起承转合的叙事文，然而，近年的会考作文逐渐转向呈现观点的议论文，再加上新课标希望培养学生的个人见解，老师如果不改变现有的教学方法，将难以帮助学生提升写作能力。

来上写作课的语文老师希望找到新的写作教学法，不仅能培养学生个人见解来应对考试，还能用在自主招生考试与职场上。

有位老师实际上应用了金字塔结构教学生写作文。她以课本上的《五柳先生传》为话题问学生："你觉得五柳先生是个什么样的人？找三个例子来支撑你的看法。"她让学生两两一组运用金字塔方法来讨论，先讨论观点，再去思考支撑观点的三个重点。学生报告时，老师再引导学生进一步思考，澄清观点与重点。

她也以初中会考题目"我们这个世代"为题，请学生分组练习。有人主张"我们是动漫世代"，三个支持重点分别是：因为喜欢某个角色，会进行角色扮演活动；会为了参加动漫展彻夜排队；疯狂排队抢购动漫电影首映票。

这个讨论与画金字塔结构图的过程，在引导学生练习思考与聚焦。先思考观点与重点，不要在字句修辞的细节上打转，等到完成大方向与文章结构，行有余力，再去美化文字。

金字塔结构的纵轴，是一个从底层的具象慢慢往上的抽象化过程。抽象化能力可以掌握个别现象的共同特性，简化现象，找到重点。对于学生、职场人来说，有了高度抽象化的思考力，才能有更强的水平联想力与垂直逻辑思考力，建立个人的观点与见解，增强专业力与沟通力。

金字塔结构还具有视觉化思考的效果，对写作者有三大助益。第一，通过简单的图形，让写作者先从整体大方向来构思，进行讨论，或自问自答来澄清想法。第二，画出结构图，找出更多重点，构思具体内容，再构思草稿，让想法逐渐成形。第三，写作卡顿时，能根据这个图形来确认方向，避免迷路。

三种金字塔结构类型：时间、空间与混合

■ 时间结构

金字塔结构能让思考与写作更精准，我归纳出了三种常用的结构。

最常用的是时间结构。这是最典型的说故事结构，是根据事情发生的先后顺序逐渐开展的结构，通过事情变化的过程，传达作者或当事人的内在感受与心情。

时间结构强调时间顺序，重视因果关系的联结，可以分成过去、现在与未来，也很类似起承转合。

我过去的书写主题都跟风土、节气与饮食有关，但我后来开始重视自我探索与职业能力的重要性，想以这个为写作主题。经过构思，确定新书主题是“做有故事的人”，先成为有故事的人，才能说好自己的故事。

我整理了自己过去十多年的工作经验，找出写作素材。虽然经历看似丰富，有不少故事，我却构思半年还没动笔。因为缺乏一个清楚的结构，所以无法将经验做有条理的分类，简洁有力地呈现我的故事与想法。

我突然想起，说故事最重要的是三幕剧结构。这个结构能对各阶段发生的事情进行有条理的收束。“做有故事的人”这个主题，何不以三幕剧结构作为章节来展开故事呢？

我看到那道曙光了。故事三幕剧有三个重点，开始、中间与结尾，更精确地来说，就是启程、挑战与转变。我根据自己遭遇到的问题，思考自我突破的动机，把它放在第一幕的“启程”中，再把一路上遭遇的种种挑战，归纳在第二幕的“挑战”中，最后把历练学习的成果放在第三幕的“改变”中。

三幕剧解决了我的写作结构难题。在这三幕结构中，每一幕各有三到五章，各有不同的主题故事。我只要专注把结构弄清楚，确认各章主题，画出每章的结构，就能把内容填入结构中。思绪不混乱，内容就有条理。

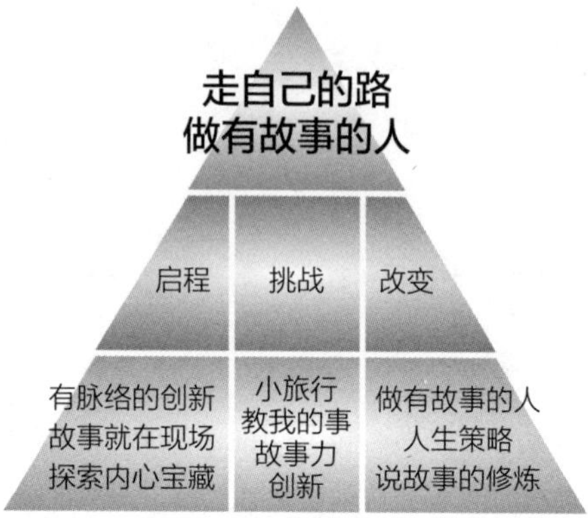

图8-2 《走自己的路，做有故事的人》（时间结构）

■ 空间结构

除了时间结构法，第二种写作结构是空间结构法。跟时间发展顺序不同，空间结构是三足鼎立，每个重点没有时间发展的因果关系，各自独立，彼此支持，缺一不可。

从读者角度来看，两者最大的差异是：空间结构是开门见山，明确让读者知道诉求重点；时间结构则必须娓娓道来，中间不能跳过任何内容，看到最后才知道变化结果。

以前文初中老师的提问为例，“你觉得五柳先生是个什么样的人？找三个例子来支撑你的看法”。

以时间结构来看，如果用起承转合，就要举出童年受到什么启发、青年受到什么影响，最后是壮年做出什么改变，但“五柳先生是什么样的人”得铺陈到最后才有结论，不能简单清楚地交代见解。但若换成是空间结构，学生可以思考五柳先生的三个重点特质，找出支持自己三个看法的例子，并注意三个特质的关联性，这样就能解释清楚。

写作课有个课后作业，请学员回去采访一位让其佩服或感到好奇的人物，在课堂上用金字塔结构进行报告。一位初中生物老师采访了一位高中餐饮科主任，分组报告时，他用十分钟对组员分享重点。他兴高采烈地说故事时，我看到组员已经打哈欠、注意力涣散了。

我请他挑重点讲，他认为每个阶段都很精彩，必须从头说起，但听众却抓不到重点。

听完内容之后，我把它归结为菜鸟主任奋斗史。因为资深老师都离职了，这位资历不深的老师临危受命，接任科主任。为了解决问题，主任要找餐饮界讲师来帮忙，同时还要招生，内外都是一连串挑战。

我建议用空间结构切入，主题是“二十四岁菜鸟主任如何逆袭”。一开始就说明她面临的挑战，运用空间结构提出三个解决方法。比如对内安抚人心，对外寻找讲师，以及想方设法吸引学生就读。

这三个重点彼此相关，几乎同时发生，用时间结构来说明，重点就会牵扯不清，读者无法了解，容易迷路。用空间结构来分割，路标清楚，三个重点能各自深入说明，也能引起读者兴趣。

■ 混合型结构

如果想说故事，但是不想依照时间轴慢慢铺陈，要快速切入重点，还有其他写作结构吗？

乔布斯在2005年斯坦福大学毕业典礼上的演说，十分动人、经典，他的演说结构也足以作为写作结构的参考。

他一上场就破题："今天，我很荣幸能参加全球顶尖学府的毕业典礼，和你们共聚一堂。我大学没毕业。说实话，现在是我离大学毕业最近的一刻。今天，我要跟各位分享我人生中的三个故事。我不谈大道理，只说三个故事。"

开场后紧接着说："第一个故事是关于人生中的点点滴滴怎么串连在一起。"这个故事谈的是他的身世，养父母支持他上大学，但因为学费太贵了，他决定休学，但还是去旁听他有兴趣的课。他上了书法课，学到了美丽的字体以及不同字母组合的变化。最后他在设计第一台苹果计算机时，就把当年学到的书法字体加了进去。

乔布斯继续说："我的第二个故事是关于爱与失去。"他分析创业历程，以及被董事会赶出公司的痛苦。他成为失败者，重新释放自己的创意，陆续创办两个公司之后，才发现要找到自己热爱的事情。

第三个故事是关于死亡。他谈到罹患癌症与治疗的过程，重新思考生命与死亡的意义，以及听从自己内心的勇气，找到挑战与希望。

最后乔布斯作了精彩动人的总结，期许毕业生"求知若渴，虚心若愚"。

乔布斯示范了第三种写作结构，混合空间与时间的结构，我称为混合型结构。先用空间结构说明三个重点，包括人生中的点点滴滴怎么串连在一起、关于爱与失去，以及关于死亡，这三个重点彼此各有诉求，没有时间序列的因果关系。

空间结构架好之后，再用时间结构传达情节内容。每个主题各有三个彼此相连的重点，用来传达、支撑他的重点。

混合型结构帮助写作者简化与聚焦，找出重点，适当切割内容，再用小故事传达。这样故事不会拖太长，也不会写成细说从头的自传。

混合型结构也能帮助读者理解。分别用三个重点当开场主题，让读者有初步的脉络认知，再通过时间结构展开小故事，让读者获得感动。最后，这三个重点又再次强化主题，期许毕业生找到自己热爱的事情，“求知若渴，虚心若愚”。

运用混合型结构的不只有乔布斯，许多精彩的18分钟TED演讲，也是运用这个模式，适度地切割重点，运用小故事帮助读者理解，最

图8-3　乔布斯演说（混合型结构）

后再串连回主题。

金字塔结构看似简单，但是每一步都是基础的马步功夫，简单之中有各种变化。有结构的限制才能发挥更大创意。尽管只有三种结构，但是每个人的想法、经验与见解不同，这些差异能激发写作的独特性。

回顾与练习

这堂课教三种写作结构，时间、空间与混合型。

◢ 练习1

画出金字塔结构：请将你正在写或正在构思的文章，画出金字塔结构。

◢ 练习2

整理旧文的金字塔结构：请找出自己不满意的旧文章，重新画出金字塔结构图，看看会不会有差异。

◢ 练习3

拆解别人文章的金字塔结构：用网络或杂志文章练习，能否快速画出这些文章的金字塔结构，了解文章到底在说什么。

第9课

情节力（一）
如何让文章感动人

离开媒体行业后，我开始写第二本书《旅人的食材历》，角色也从记者变成作家。出版社编辑提醒，相对其他知名作家，我并没有太多名气，要写出自己的特色，才能建立品牌。

我自认有不错的写作能力，转型应该游刃有余，没想到却遭遇了很大挑战。“华丽优雅的文字，要轻轻滑过，还是有所撞击，留在读者心中？”这是编辑看完我的书稿后，给予的诚恳、专业又犀利的建议。

起初我认为这是故意挑毛病，冷静思索后，才发现编辑一眼就看穿了我的写作问题。在写作过程中，我对台湾一些乡镇物产的了解并不够深入，只能用漂亮文字去描绘，或引用清代诗人书写台湾风土的诗作来增加内容，看似有学问，其实是掩饰自己认知的有限。

我以为只要挥洒写作技巧，就能轻易抓住事物的灵魂，但是将每本书视为生命之作的编辑，看的是修为，而非技巧。

当时《旅人的食材历》销量不错，也入围深具影响力的《时报》开卷好书奖，最后却落选了。评审的评语是“文字立意过深”，意思应该是太求表现，反而让人看出你的用意，容易失去阅读的惊喜。

出书带来了成就感，也让我陷入写作低潮。要从记者变成作家，还有很长的路要走，自己的作品真的能感动读者吗？该如何调整？我开始阅读各种书籍，比如我十分景仰的刘克襄先生的作品，试图寻找答案。我发现，他的文字简单不华丽，充满重量，让人感动。

我的问题，也是许多写作者的问题。首先，不知道如何让读者产生共鸣，带来难忘的感动。其次，只有表面的技巧，没有深刻的底蕴，经常造成匠气的印象。

要如何让写作进化？我不确定。但下笔这件事没有速成的味精，得细火慢熬，才能熬出扎实浓郁的高汤。我决定暂时封笔，慢慢修炼让读者感动的写作技艺。

写作修炼闭关四年。我带回来的突破技艺，就是情节力。

事实不等于真实，看完不等于理解

如何让文章感动人？很简单，也很难。作者很难掌握读者，不是下感动指令，读者就会感动。读者所求不多，只是要站在他们的立场思考，将文章传达到他们的大脑，并打动他们的内心。

作者希望在读者短促的阅读时光里，创造出难忘的记忆。然而读者的大脑空间有限，即使读完一篇文章，也难以逐字逐句复诵，顶多只能整理出大概意思，或是引述印象深刻的句子，剩下的几乎都会忘光。

越想记住，越容易遗忘，但是看电影、追剧，却不自觉会记住很多精彩画面。即使是微小的细节，也会烙印在脑海中，就算没有文字辅助，光看画面也能理解。

不同的内容形式，为什么会有这么两极化的结果？人类数十万年演化过程中，打猎、采集与求生，主要都是靠视觉做判断。通过快速扫瞄眼前事物，就能大致了解整体状况。

相对而言，文字发明才几千年，法国认知心理学家斯坦尼斯拉斯·迪昂在《脑与阅读》中就指出，文字发明出来的时间太短了，短到还来不及形成一个阅读专属的神经回路。他认为，阅读真的很烧脑，需要集中视力，逐字扫读，判断文字的形、音、义，最后组成一个有意义的信息联结，进而了解文章内容。

因此，如果句子太长、内容太复杂、跟读者没有关联，他们的大脑就很难记住。

我们常用的知识或观念，其实是外在于读者的客观事实。这些外在事实要通过阅读的消化与转换，跟读者自己的主观经验相连，才能真正获得理解，变成读者的内在真实。

从事实到真实，是作者通过写作有效组织素材的结果；从阅读到理解，是读者自己消化的结果。作者能够为读者提供的服务，除了运用重点力与结构力梳理文字密林、立下路径与指示牌，就是要协助读者有效地吸收文字内容，产生画面、印象，加深记忆。

这种写作能力，就是情节力。英国小说家E. M. 福斯特在《小说面面观》中举例，国王死了，王后后来也死了，这是两个接连发生的事件，看起来没有关系，读者不会有联结感与记忆感。但如果改成，国王死了，王后后来也“心碎”而死，就有了故事情节。

事件跟情节的差异，在于因果关系与情绪感受。国王死了，王后也死了，彼此只有时间上的关联，没有因果关系。多了“心碎”两个字，就有了因果关系，因为国王过世，才导致王后因悲痛而死，读者了解了原因，更容易与自己的经验相联系。因为每个人都有过心碎的经验，两者相乘，就产生强大的情节力。

情节力具有魔术贴的联结功能。一端是作者的文章，另一端是读者的感受，写作要以读者能理解、感受与联结的经验为出发点，运用魔术贴的钩子，将读者的心与文章紧紧连在一起。

联结人心的情节黏力

■ 魔术贴三C好黏力

职场应用的内容不是说故事，而是理性的论述或说明，那还需要情节力吗？情节力可以运用在理性论述的文章中吗？

只要写作的目的是希望读者深入理解、产生共鸣，留下深刻印象，不论什么类型的文章，都需要情节力。

情节力在鱼骨写作中发挥着打动、说服读者的功能。鱼头句是让读者预先知道重点，接着要靠有逻辑的铺陈和情绪来形成张力。

情节力要如何发挥魔术贴的黏力？在于“具体”（concrete）、“可信”（credible）与让人“关心”（care）这三个C元素。

具　体

只要有具体的故事，就能帮助读者联想到抽象的道理。知识是抽象的，老师传授知识时，要想让外在的事实变成内在的真实，就需要举出跟学生有关联的例子，帮助他们理解。

金字塔结构顶端的观点，也是抽象的概念。金字塔越往下越具体，最基础的底层就是情节力，通过“具体”“可信”与“关心”这三个C来抓住读者。

具体是一种越描越多的表达方式。如果说花园很美丽，“美丽”

是抽象的，因为每个人对美丽的认知不同；要再具体描述，让脑海填入更多画面，才更能感受花园的美丽。例如有多少种花，什么颜色、气味，有鸟叫声吗？五感越丰富，画面越具体，越有感受力。

伟大的作家与演说家都力求让人有真实感受。《丘吉尔演讲术》引述希腊哲学家亚里士多德在《修辞学》中表达的重点："演讲者最困难的工作之一，是找到一个恰当的例子或一个具体的词汇。"

1946年，第二次世界大战刚结束，丘吉尔在前一年大选中失去首相宝座，现在远赴美国演讲。由于苏联开始扩张势力范围，他在思索该如何提醒世人提防苏联的野心。他在火车上看着欧洲地图，用笔从波罗的海穿过波兰，南下巴尔干半岛直抵亚得里亚海，画下一条黑线，代表苏联试图侵占的势力范围。

丘吉尔盯着车厢分隔卧铺的帘幕发呆，突然灵感乍现，在演讲稿写下几句话。第二天在演讲台上，他大声念出来："从波罗的海到亚得里亚海，一道沉重的铁幕在欧洲大陆落下。"

仿佛真的有道铁幕落下，发出巨大的声响。这段有力的文字向美国人与全世界做出了预警，推动了拯救欧洲经济的马歇尔计划，促成了对抗苏联的北大西洋公约组织。

丘吉尔的文字，不仅具体，可信，更让人关心。"具体"是有一个"铁幕"的画面感，仿佛让人可以感受到；"可信"是他画出了一道铁幕之线，有地点，而且出自他这位重量级人士之口；让人"关心"则是因为刚打完仗，人们渴望和平，决不容许有人破坏和平。

可　信

“可信”也是黏着力的关键。不能信口胡说，要有根据才能让人信服。有数字、有消息来源、有你的观察或是引述专家或他人的想法，才有说服力。

“具体”与“可信”是相辅相成的。如果两个人在法庭上对质，一方对人、事、时、地、物讲得很含糊，另一方说得很清晰，甚至连很多不为人知的小细节都十分清楚，法官会相信谁？一定是有根据、有细节，传达真实感的那一方。

关　心

第2课提到的ROA思考术，就是在思考读者关心什么、在意什么。一般来说，读者关心的都是跟自己直接有关的事，或是有熟悉感、新奇有趣的事物。

■　从脉络找情节密码

脉　络

除了“具体”“可信”与“关心”具有情节黏力，还有第四个C——脉络（context）。脉络的功能是帮助读者理解，将内文贯穿联结起来，建立文字之间的关系，了解前后文的意涵。

要让写作内容有脉络，作者在写作前就要具备脉络思考。就像淘金一样，要从大量的信息泥沙中找出隐藏的情节密码，梳理出重点，找出意义。因此，掌握脉络必须了解人、事、时、地、物背后发生的原因，整理出“5W1H”的元素。

梳理脉络，是写作前最重要的准备。要精进这个能力，就得跳出自己习以为常的领域，练习在不同信息中看出、感受出背后运作的脉络之网，学习如何有效组织、传达信息。

我也曾面临写作瓶颈，封笔四年，最后找回了信心。我那个时候离开了自己熟悉的环境，沉浸在台湾不同乡镇村落的生活环境中，尝试找出不同的特色。我先了解不同地方居民家中的餐桌与厨房，延伸到市场、田里与海上，借着当帮工与助手，去观察、访谈与交流，慢慢了解每一家、每一村与每一乡的人、事、物，以及背后的风土环境，甚至是更长远的历史与族群迁移变化。

有了深刻的观察与感受，对外在现象才能有更细腻的掌握。劳伦斯·布洛克在《布洛克的小说学堂》中指出，线性记忆还没感官记忆好用。不要把心思花在当时到底发生了什么事情，而要把注意力集中在看到的、听到的、尝到的、闻到的感觉，专注于当时的感受与经验。

找到脉络是情节力的起点。最重要的是根据脉络找到特色、重点，为这些信息赋予新的意义，这样才能打开情节密码，写出自己的风格。

■ 梳理脉络，赋予意义

在我的写作课堂中，情节力的练习是请每位学员去采访人物，写一篇文章。有位学员采访他很熟悉的出租车司机。访谈内容谈到他曾开过早餐连锁店，做过房屋中介，还开过出租车，内容很丰富，但是信息涣散，没有重点。

我建议以现在的出租车工作为主，因为这位学员熟悉这位司机，又能直接观察他的工作状况。通过学员陈述访谈内容细节，我协助整理出脉络，从脉络中运用空间结构思考，归纳出三个令读者关心的重点，分别是：建立打车热点的大数据；如何制造熟悉感，让生客变熟客；如何察觉客人是否想叫车。

出租车司机的特色原本跟一般读者无关，赋予这三个重点意义后，再结合“如何创造自己的经营价值”的主题，就是一篇职场与商业运用的好故事。

有了新意，再将情节力放入结构，强化佐证。第一个重点是打车热点。这位司机花时间调查客户密集出现的时段与区域，找出前往载客最容易有生意的热点数据。第二个重点是他会记录哪些客人会重复出现，记住特征与需求，下次主动打招呼，让客人产生熟悉感，成为老顾客。第三个重点是他会观察路上行人的动作，不等客人招手就开到身旁。这样不断尝试，让他的直觉判断越来越强（编按：参考本书第16课）。

先整理脉络，从中找出重点并赋予新意，再重新组织内容，达到“具体”“可信”与令人“关心”的效果，就是一篇具有黏力的好文章。

2014年9月，我出版了《时光的甬道》，这本书与《旅人的食材历》相隔四年之久。新书邀请饮食文学名家蔡珠儿写序。她写道：“洪震宇这本书，肯定是酿出来的。历经四年发酵熟成，一掀开，香味就从字里行间飘溢出来。”“他仿佛有一双历史的阴阳眼，能够穿越时间，透视文化的足迹烙印，贯串起过去和现在。”

创造读者的三C黏力之前，要先建立自己的脉络能力，我花了四年才学会这堂课。

回顾与练习

这堂课教三个情节力黏力元素：“具体”“可信”与“关心”，你的文章具备这三个元素吗？

◢ 练习1

放入具体字句：把你文章里抽象的字句或形容词拿掉，换上更具体的字句。

◢ 练习2

找出三C元素：用网络或杂志文章练习，找出精彩文章的三C元素。

◢ 练习3

实地访谈：采访你觉得有趣、充满热情的朋友或同事，从访谈内容整理出脉络，拉出三个重点，再将有趣的情节分别放入这三个重点中。

第10课

情节力（二）如何让文章生动

我曾经参加过一个客家饮食讲座。我是六位嘉宾之一，主持人会轮流提出六个问题，请嘉宾各分享五分钟。

第一题是“什么是客家味道”。这个问题很抽象，很难回答。我该如何接招才能吸引台下数百位听众，不跟其他专家类似，又能清楚表达我的想法？

幸好我是第四个发言者，还有点时间准备。我拿出便利贴，画出金字塔结构，先写下想法：客家味道就是结合当地风土与生活智慧；接着必须具体化，才会有黏力。

我以芋头的绿茎——芋梗为例，写出三个重点：台中的大甲、高雄的美浓与高雄的甲仙地区怎么料理芋梗，各自的情节就是三地的芋梗风味：大甲不太吃芋梗，因为不好处理，都丢在田里任其腐烂当肥料；美浓是清炒，加点白醋；甲仙则有三吃——清炒、晒干煮排骨花生汤，还有加盐发酵成酸芋梗，用来配粥……

我边看观众表情，边拿话筒描绘芋梗的滋味，听到不少笑声。我借着小小芋梗的滋味，传达不同风土环境如何影响客家人的饮食味道。

主持人注意到我在现场使用便利贴做笔记，也观察到现场观众的肢体语言。“大家听到换你分享时，会很认真地往前稍微欠身聆听。”我回答，讲话生动有趣才能吸引听众，但也要紧扣主题，避免失焦。

讲话要生动，文章更要生动，这样才能引发读者兴趣。说话时可以解读听者的表情与肢体语言，写作时眼前没有读者，难以判断，就要靠对读者的同理感受。

情节要靠关节，让文章跑起来

在情节力之前的课程，强调精准度，想法、用语都要精确，接下来要学习如何让文章生动。

生动就是有动作的画面，有动作的文字要靠动词，句子与段落中有了动词，会立刻活起来，充满主动积极的力量。

段落思考中，名词与动词是关键。斯蒂芬·金在《写作这回事》中说："一个句子是意思明确，包含名词、动词的一段文字，完整的想法由作家的脑袋跃然至读者的心，用任何一个名词加动词，就有完整的句子。"

金字塔的结构就像是人体的骨架，是稳定的硬件，但若没有力量的带动，就会很生硬。情节力就是让金字塔能跑动起来的关节，是发挥关键动力的软件。

接下来看看三种不同类型的文章，如何用动词让内容变生动。

■ 第一种类型

谈个人经验、观察、叙事与游记，可参考《时光的甬道》第一章"丰滨人的餐桌故事"开场前两段：

寒风中，海浪在岸边来回奔驰，乌云密布，海天交界透出淡淡微光。我的朋友耀忠，仿佛是被潮声召唤，凝视远方的眼神露出兴奋光彩。他矫捷地攀下护栏，回头对我招招手，随即在嶙峋巨石间跳跃前进，实在是好身手，我暗自喝彩，也赶紧跟上，但耀忠转眼间已在十

多公尺之外了。

离大海愈近，浪击岩石的拍打声愈激昂，“要会听浪看浪，四小浪后跟着一大浪，大浪一退就要起跑”。海浪暂时退去之际，他毫不迟疑往前奔去，半蹲在海水中一面摘海菜，一面将海菜放进腰间的网袋，他的眼神仍不时盯着海浪。二十秒后，大浪再度袭来，他先挥手要我退后，再赶紧转身往后跑。一会儿浪走了，他又前进蹲下摘海菜，就这样来来回回十多次，躲避海浪追击，又像在跟浪潮嬉戏，身影在岩石上轻灵舞动，有如起伏的波浪。

解析

这两段主要都是名词与动词相连，有了动作之后，就有画面感。主题是观察阿美族大厨耀忠如何采海菜的过程。我写了一个有海浪的大场景，描绘了身在其中的耀忠为了采海菜必须跟大海搏斗的过程。

■ 第二种类型

写自己的生活经验或是人生看法，以及生活小故事。适度加入动词，会让文章更有自信。可参考我在《走自己的路》中描写女儿参加台球校队的心路历程。

女儿参加台球校队的时间并不长，一开始的比赛总被外校对手痛击。我在现场非常紧张，都是抱抱她，要她记住失败的原因，勤加练习。女儿总是一早出门练球，放学后继续练习。教练不苟言笑，严格

督促，孩子们总是战战兢兢。

何时才能旗开得胜呢？实在不确定。在北区少年台球精英赛中，女儿竟然连胜两个同年级的对手（过去常对上高年级），她表现得很沉稳，回击得分时，更是兴奋地振臂高喊。比赛结束后，我抱着她激动地流下眼泪。女儿没哭，反而是老爸哭了。

我会永远记住那一刻。

解析

每几句话之中，就会出现动词，几乎很少有形容词。这些动词都在强化画面感，让读者有身临其境的感受。如果使用太多的形容词，反而会降低画面感。

■ 第三种类型

偏向论述沟通的主题，运用动词可以加重语气、增强画面感，这样不会让理性分析的文字太枯燥，还能帮助读者理解、加深印象。

可参考《机会效应》第六章“自我破坏的进击”，谈如何创造人生第二曲线。

管理学家查尔斯·汉迪在《第二曲线》中呼吁，必须在第一曲线尚未触顶前，就展开第二曲线。这样才能掌握充足的资源（时间、金钱与精力），熬过第二曲线刚开始的底端，开始往上爬升，创造第二曲线的高峰。如果是在滑落之后，才努力逆流而上，不仅需要耗费更

多力气，也会付出更多代价。

但是问题来了，我们怎么知道第一曲线已达顶峰，还是已经下滑？如何在对的时间做对的事情？

这是本章的主题。外在对手随时环伺，很难察觉，但是内在对手（也就是我们自己），却随时可以察觉沟通。当自己开始感到志得意满，或是即将达成目标时，就要尽早设定新的目标，培养新的能力，展开新的学习与探索。建立第二曲线的过程，可能需要自废武功、砍掉重练，破坏自己原有的优势。

解析

好情节要多用动词，相对少用形容词。形容词的问题是空泛，表达不够精确，不够深刻。

前文我用两段来描写大厨耀忠冒险采海菜的过程，也可以只写几句就带过："阿美族大厨耀忠很勇敢，勇于挑战大自然，努力采海菜。"但是读者并不会有印象，也不会知道原来要听浪看浪，四小浪后有一大浪，还得蹲在海水中，摘下海菜放在腰间的网袋里……

要想好好运用动词，写作者就得多观察、多想象，认真描写细节、动作与变化，就像拍动作片一样，节奏紧凑，打造自己的写作特色。

情节就是细节，成为文字导演

情节不只靠动作传达，也需要运用细节产生画面感。比方我描写耀忠的动作，除了动词，还加上很多描绘现场的细节，这会让读者感觉历历在目，充满真实感。

细节不是细碎。许多人常常写了很多细节，却让人有不知道在写什么的疑惑感。问题在于细节没有紧扣主题，导致读者不知道为什么要读这些，也因此失焦。

细节需要紧扣主题才有意义。因此，我们要从大量细节中精挑细选，找出最符合主题、最让人有感觉的内容。《推理写作秘笈》指出，让文字变得生气勃勃的秘诀正是细节，一句有说服力的细节，胜过一整页的描写。

以《机会效应》第二章“刻意制造混乱”为例，有一段谈我家马桶有问题，从网络上找到一位马桶专家，请他来装马桶的过程。（划线部分是细节）

到了约定日期，早上8点大门电铃准时响起，只见他带了大包小包进门，除了马桶之外，还提了两个工具箱，两个装抹布、菜瓜布与清洁剂的水桶。

他端详了一下浴室马桶的状况，先问我可否让他照相，并放在博客上，我点头同意。他拍完照，打开工具，蹲在地上准备敲开旧马桶底座。没多久，他请我看看移除马桶之后，埋在地板的水管，说明会怎么处理与安装。拍完照，接着安装新马桶，处理完毕，也仔细把地板整理干净。

“客人大部分都是装潢完才搬入，你看哪个客人曾经看过马桶师傅工作的样子？”他跪着擦地板，骄傲地拍下我家厕所干净整洁的样貌。

解析

第一段我着重描写维修专家的准时，仔细写下他带各种工具，传达准备齐全的意思。第二段描写他会先征询顾客意见，也仔细安装马桶，有礼貌且细心。第三段刻意写出他跪着擦地板，充满自信地说话，表现他对自己专业的重视。没有这些小细节，就无法感受这位马桶专家的特色。

精彩的细节，会制造强烈的画面感。英文写作书籍有句名言，“呈现，而不要叙述”，强调不要一直叙述，而是要呈现画面，让画面自己说话。有画面感的文字能在读者脑中同步直播。

用细节营造立体感

我们常听到工作人员问导演，这个镜头要拍什么，要呈现什么内容？就是如何将平面的文字剧本，通过摄影机呈现出立体的画面。

镜头的角度，就是读者的角度。想运用画面感，就要练习当文字导演，文字就是你的镜头，带着读者在文字大海中遨游。“作者就像电影摄影师，在故事行进中操控观众的视线，所用的语言技巧就相当于摄影机的不同角度和镜头的快速切换。”史蒂芬·平克在《风格感觉：21世纪写作指南》中说。

文字导演有三种镜头可以伸缩运镜。“远镜头”是描写地点、大场景；“中镜头”将画面拉更近，呈现人物之间的互动关系；最后是“特写镜头”，这是将镜头贴近主角，可拍出脸部表情、反应跟感受，还有服装或运用道具的细节。

以《时光的甬道》第八章“甲仙人的餐桌故事”为例：

远离镇上，我来到关山社区的嘉云巷，一处山林里的清幽地。山中没有一点手机讯号，仿佛将全世界隔绝在外头。清晨五点，我醒过来，开门走到庭院。天空依然沉睡。冷风瞬间从四周渗来，身体不自觉打了哆嗦。突然看到前方黑暗处有点微光，忽明忽暗，一团黑影有节奏地跟着微光移动，我轻喊一声，“赖大哥？”

“起床了喔！”黑暗中传来他的声音，微光朝我这边照来，原来是他戴的头灯。灯光又转向，缓缓移动，穿过黑压压的龙须菜田。菜丛轻轻发出声响。光线一路往我这儿飘来。暗色中，借着光线，我看清楚赖云祯大哥的模样，长袖衬衫，鸭舌帽，背一个大箩筐。

他卸下箩筐，里头摆放着二十把刚采好，用橡皮筋束绑的龙须菜，头灯照射下，像一列立正站好的士兵。我想象着，黑暗中，一盏孤灯，赖大哥像高深莫测的武林高手，微光一点缀到叶面，食指与拇指如落叶飞花，瞬间攫走藤蔓绽放的精华。这是他四十年如一日练成的功夫。

解析

第一段是远镜头。从我的角度，看眼前黑暗中透着微光的山林，也看到一团移动的黑影。

第二段是中镜头。镜头拉到菜农赖大哥周围，看清他戴头灯、穿长袖衬衫、戴鸭舌帽，还背着箩筐。

第三段是特写。镜头带到龙须菜，像一列立正的士兵，也侧面表现赖大哥的手指头，传达他摘菜的好功夫。

三个镜头由远而近地移动，用画面呈现菜农的辛勤与技术，也让读者更清楚了解他们的工作。

如果是用叙述，只要一段或一句话就写完了："我住在龙须菜农赖大哥的家，清晨和他一起采菜，了解他黎明即起，工作辛劳，这个日子数十年如一日。"

这就是旁观叙述跟主观呈现的差异。要如何让读者感同身受？不是告诉他们正在下倾盆大雨，而是让他们直接感受自己正被雨水淋湿。

情节要有纠结，引起情感共鸣

除了动词与精选的细节，情节力最扣人心弦的，莫过于创造悬念。

许多教人如何说故事的书，都会提到故事的核心是"冲突"。冲突是故事的引擎，没有冲突，就没有故事，没有冲突，故事就不会前进。

只要是故事，就会有冲突。冲突不一定得剑拔弩张。每个人都有渴望与目标，也希望一路顺遂，但结果往往不如预期。当目标遇到外来或内在的阻碍，就会产生冲突，有冲突就有内心纠结，就会让读者产生好奇的悬念，关心接下来会如何。因此，故事的动力就来自为何纠结，以及如何解决的过程。

不管说什么样的故事，最好的方法是能在读者心中产生最大的悬念，促使他们为了得知后续发展而不断翻页。《推理写作秘笈》强调，情节产生了自己的堂兄弟，也就是悬念。悬念会让你手不释卷，一直往下读，很想知道接下来会发生什么事情。

因此，故事有一个简单公式，目标＋阻碍＋纠结，就产生引人好奇的悬念，这也是一个环环相扣的因果关系链。

认知科学家卡门·西蒙在《被记住，你才能赢》中指出，根据幻灯片内容分享网站SlideShares在2015年的一份热门研究，“意外性”最能有效让人长期记住，并引发行动的变量。只要让人感到意外（无论这意外是好是坏），都会让他们产生额外的情绪与注意力。

只要超过原本预期，产生意外，就会吸引注意力，让读者继续看下去。电视剧播广告前，一定会出现让目标遇到阻碍的事件，这个意料之外的状况该怎么办，就先卖个关子，让你迫不及待想知道。

只要掌握纠结元素，就会产生吸引人的情节。除了写作，也能应用在一般简报提案中，如果内容丰富，讲得头头是道，不一定有吸引力。因为只有目标，欠缺阻碍，更没有让人关心的纠结，听众自然无法产生持续关注的吸引力。

《机会效应》第二章“刻意制造混乱”部分提到“直接跟农夫买”的“买买氏”，如何从广告文案高手放弃大好事业，投入农业营销，成为创办社会企业的首席执行官。我将这几段文字分析如下。

目标

阻碍

纠结

身高一米五、个头娇小的金欣仪，有天早上如往常搭地铁上班，挤在人群中，一时心血来潮，掐指算算六十五岁退休前，这一生得付出的工作时数，竟发现这辈子七成以上的人生都要贡献给工作，突然惊觉："人，来到这个世界上真的就只是为了上班赚钱吗？"

拿到广告大奖的风光，没办法解答她的疑问。行动力很强的她，报名了一堂在淡水山上追求自然农法的种田课程，尝试找出一些答案。

二十多位同学彼此自我介绍时，没有人介绍自己名片上的职业与头衔，而是阐述梦想、生活价值与旅行见闻。轮到她时，竟一时语塞，因为自己的人生只有工作，没有其他值得分享的事情。

上完课，金欣仪知道答案不在台北职场，也不是关起门自我反省，而是得彻底转换生活方式，才知道该如何过自己的人生。

刚好主管从台中开会回来，带了一盒凤梨酥请大家吃，还提醒她注意包装盒里写的文案。这些以乡土俚语写成的文字，诚恳地写出了对土地作物的情怀，让她这个不懂台语的台北人，读起来仍觉亲切、毫无陌生感。这些文字比起过往她帮进口名车、投信基金写的文案，都更加诚恳且具有真实感。

目标

受到种田课与凤梨酥文案的启发，金欣仪想去环岛认识更多辛苦的小农，参与他们的生活。她决定向赏识她的主管递交辞呈，上面写着："我要去种田，我想用我的笔去帮那些辛苦的农夫们耕田！"就这样决定过一年她的"弃业"人生。

阻碍

这是混乱人生的开始。她在各地上山下海，学会帮一大群人煮饭、爬树、一个人在山上过夜、被牛追、教部落妈妈们学计算机，甚至带一百二十个孩子清扫林道。每天晚上累到躺下来时便暗自咒骂，比台北工作还累一百倍，干嘛来？却又期待隔天的到来，因为每天都是崭新的开始。

纠结

有一天，她利用空档时间，上网查看自己的基金投资状况，竟发现因为2018年金融海啸，上班拼命积攒的钱，缩水了一大半。她也只能自我解嘲，尽管自己过去写文案销售基金，却逃不过金融海啸的波及，当下无薪水的环岛农事体验，反而成为最真实的资产。

解析

请注意两个重点。第一，目标、阻碍与纠结是一段接一段，三元素彼此环环相扣，不跳跃。这个过程会制造起伏的情节，超越读者的预期，读者就会想知道接下来该怎么办。

第二，即使是情节力，仍需运用鱼骨写作法。先写鱼头句传达目标、阻碍与纠结的重点，再用鱼肉句传达情节，用鱼尾句收尾，与下一段产生联结。

情节力是用来吸引、打动与说服读者的，不能只一味地说故事，而要紧扣主题，这样读者才会有收获。

以下再以“买买氏”金欣仪的故事为例：

一次地铁上的疑问，一盒凤梨酥文案，一堂种田课的启发，金欣仪在无意之间为自己的人生掀起巨大无比的台风。身处暴风圈中，却实践了环岛、环球与创业，一个小小台北上班族从未想过的梦想。

曾有媒体采访她，创业当下是否有犹豫或考虑?“就像我每次旅行一样，因为不知道，所以不会怕，反而会产生开创性的点子。”现在回过头看，会觉得“多知道”一点比较好吗，还是创业就是得不知道?金欣仪回答，“创业最好‘不知道’，都知道的话，大概就没有人要创业了。”

人生经常因为不知道，才想去探索、学习与经历，如果认为自己什么都知道了，一方面是无趣，另一方面是无知，因为世界经常跟我们唱反调。

机会经常隐藏在混乱土壤中，需要我们去深掘碰撞，才会出现踪迹。

解析

最后四段重点与结论，要将故事收尾，回到勇于接受混乱的主题，运用结论强化故事的意义。

现实的读者让我们更务实，充分运用情节力，才能把外在的事实，变成他们内在的真实。

回顾与练习

这堂课教三种情节力技巧，包括善用动词、描写细节，以及运用冲突带来的纠结。

◢练习1

用三种技巧强化文章：可综合运用写成一篇文章，或是各用一段分别练习其中一种技巧。

① 动词：________________________________

② 远中近三种运镜方式：________________________

③ 目标、阻碍、纠结：__________________________

◢练习2

分析应用：请细读情节力（一）的开场文章，标注目标、阻碍与纠结的段落，并分析为什么作者会用这几段当开场，他想传达什么。

第11课

观点力（一）
写作，建立你的独特见解

在写作力愈发重要的时代，人人都有机会用文字表达自己的想法。我们都渴望被他人支持与肯定，被点赞，被分享。

然而人人都有话想说，却往往说不清楚。我在写作课堂或沟通表达的工作坊中，发现不同领域的学员都有表达见解的困难。

观点力不过关，归纳原因有三“不”：①“不清楚自己的观点”，即使讲出了想法，却缺乏逻辑推论跟合理的证据；②“不敢表达”，害怕自己讲不好，被别人看轻，只好一直压抑；③“找不到自己的观点”，没有想法。

为什么会这样呢？传统的教育习惯灌输正确知识与答案，并不鼓励培养个人想法，更何况是不同于标准答案的见解。

现在却是需要勇于表达想法的时代。网络时代人人都可以成为媒体，都可以表达想法，扩大影响力，只要你拥有改变他人认知的“独特观点”。

沟通表达大师卡迈恩·加洛的著作《像TED一样演讲》前言的第一句话，就是“思想是21 世纪的货币”。他解释说有些人特别擅长表达自己的思想，以此提升他们在社会上的地位与影响力。

TED创办人克里斯·安德森也在《演讲的力量》中谈到，TED的目的就是让演讲人将思想灌输到听众头脑中，改变人们看待世界的方式。演讲者要运用一个像绳索的主轴，把建立中心思想的所有元素都挂在这条绳子上。

这条绳子就是精准写作金字塔顶端的“观点力”。通过观点的穿针引线，由上往下逐一铺陈重点与情节，每一层都必须紧扣观点核心，不能有所偏移或离题，进而实现有效说服。

在网络时代，没有独特见解与观点，文章很容易就被海量的信息淹没。历史学者尤瓦尔·赫拉利在《今日简史》引言第一段就开宗明义提到："在一个信息爆炸却多半无用的世界，清晰的见解就成了一种力量。"

清楚易懂的见解，正是精准写作要传达的观点力。

从观察到观点

何谓观点？律师、艺术史学家艾美·赫曼在《洞察》中表示，"观点"（perspective）一词来自拉丁文"perspicere"，原意是"看透"。这个词源自14世纪，原指运用望远镜内的凹凸玻璃来改变视觉效果；现在的定义是看待、评量某事物的角度，就像通过不同的镜片来看世界。

"观点"的中文意思，则是观察事物的位置，以及采取的态度，类似见解、看法。然而，不论是中文或英文的解释，观点都跟视觉、观察有关。

观察跟观点有什么关系？福尔摩斯应该是最有发言权的人。

《波希米亚丑闻》中有段精彩的对话。华生一直认为他的眼力不比福尔摩斯差，但疑惑为什么在福尔摩斯推理时，事情显得那么简单。福尔摩斯就问华生他们经常进出的贝克街221号地下室有几阶台阶。华生答不出来。福尔摩斯说有17阶。"你只是在看，并没有观察。"福尔摩斯一针见血地说道。

这段对话说明了“看”与“观察”的差异。“看”是不自觉地将影像收入眼底，“观察”则是有意识地察觉、仔细端详，找寻其中的意义。

华生跟福尔摩斯正是强烈的对比。就像结构力（一）提到《思考，快与慢》中的两种思考模式：直觉反应的快思与深思熟虑的慢想。华生就像被动反应的快思者，对外在世界习以为常；福尔摩斯则是主动探索的慢想者，通过远观近察，找寻蛛丝马迹。

观点的起点，就是观察。为什么观察这么重要？

四百多年前，艺术大师达·芬奇提出“saper vedere”（意即知道如何去观察或如何运用视觉能力）的说法，艾美·赫曼将这个说法延伸为“视觉智能”。她在《洞察》中指出，培养观察力十分重要，因为人们容易被认知偏见、一厢情愿、隧道视野效应（意即被隧道的空间窄化，忽略外在的宏观）这些滤镜所影响，因而选择性地搜集信息、找寻符合自己期待的信息，并排斥不符合条件的信息。

所有解决方案都能解决某些问题，却无法解决一切问题。最好是能从各式各样的角度观看世界。临床医师、数据学家汉斯·罗斯林的《事实》提出了人们容易产生的十个直觉偏误，提醒人们培养实事求是的求真习惯，扭转根深蒂固的偏见。

我们无法摆脱滤镜的影响，却可以向达·芬奇与福尔摩斯学习观察力。就像调整望远镜的伸缩镜头，运用不同角度挖掘幽微的关键点，变成自己的观点。

培养原创性，建立你的见解

从观察到观点的过程，还需要培养原创性，建立属于你自己的见解。关于原创性，心理学者亚当·格兰特有个简单的标准："原创的特征在于拒绝预设状态，并且探索是否还有更好的选项。"

原创性也是运用观察力，超越现状，进而产生观点力。"起始点是好奇心，去思索预设状态最初何以存在。"亚当·格兰特在《离经叛道：不按常理出牌的人如何改变世界》中写道："对某种熟悉的事物，用一种新鲜的眼光去看，能在老问题中看出新意。"

要培养原创的观点，基础在深思熟虑的观察，通过外在观察，转换成内在想法。

三种观点运镜力

在写作上，如何从观察力提升到观点力？先换个角度思考观点，就像是扛一台摄影机，镜头拍摄的画面就是你的观点。

有三种写作镜头可以运用：远镜头的整体视野；通过不断转换移动的中镜头，呈现不同角度的视角；最后是聚焦特写的视点。

■ 视野：脉络思考

远镜头就是脉络思考。这是一个宏观的鸟瞰，将镜头放到最大，观察目前状况是什么脉络原因造成的，了解人、事、时、地、物的来龙去脉。例如从空间视野来看，除了自己所处的位置，有什么其他部门、产业、外在因素的影响。从时间上来说，过去的影响是什么，未

图11-1　三种观点运镜力

来会有什么可能性。在时间与空间结合的立体情境下，可以完整观察整体状况，不会有太多遗漏。

■　视角：多角度思考

中镜头的视角，在于整体时空交织脉络下不同角色的角度。除了自己主观的角度，还需要从不同角色的角度出发，客观观察彼此的关系。比如你的读者是谁？他们的立场与需求是什么？希望带来什么改变？还是强化既有认知？

中镜头的视角又可细分成三种思考方式：从他人的视角出发的“换位思考”；与一般人相反的“逆向思考”；运用没人想过的角度，则是“创意思考”。观察的视角越多元，最后筛选聚焦的观点便会越独特丰富，越不容易受到本位思考的局限。

■ 视点：观点

从远镜头、中镜头的发散逐渐收敛，最后聚焦到特写镜头的视点，也就是观点。观点就是你综观全局分析不同角度之后找到的关键点，这会影响到作者采取的立场、态度及原创性。

三种观点力运用

离开职场前，我主编的三一九乡刊物刚出刊，我正在思考人生下一步的方向。命理学专家李咸阳邀请我参加由天气风险公司总经理彭启明召开的会议。他们想了解三一九乡与农历结合的可能性，想请我给点意见。

我在会议中提问，为什么三一九乡需要农历？彭启明回答，传统的农历起源于黄河流域，放在台湾并不适用。彭启明下乡采访农民，才知道老农民都用自己的田间记录，自己记下雨量、温度、湿度。“聪明的农夫早就有属于自己的农历了。”

我突然想起自己一年前走访台南，蹲在打赤脚的崑滨伯旁边，看他翻阅用日历纸背面写满的气象观察笔记，当时只觉得这位阿伯特别勤劳，现在回想，才知道是在诉诸他自己的经验和智慧。

了解整体脉络之后，我推论农历的问题在于气象说明不准确，聪明的农民都有自己的版本；农历的内容也与一般大众脱节，只是偶尔会拿来看黄道吉日、命理。但农历仍保存了文化价值与实用性，只要重新调整，找到市场定位，应该有机会。

关于农历气象不准确的问题，彭启明说，他的数据库拥有全台各地五十年的气象资料，只要通过校准，就能提供符合台湾北、中、南、东等地区的正确气象资料。

此时，我突然冒出一个新想法。农历要创造市场需求，对象不是农民，而是一般读者。我们三个人的优势是跨界整合，除了提供完整的气象资料，内容也要符合现代生活的需求，才有影响力。

我找到的新视角，是从农民种植角度，变成重视生活实用性的读者需求。除了加入每个节气全台各地的气象变化，还可放入当季盛产食材与产地、节气养生与文化庆典，旅行以及如何开运等信息。只要创造出隐藏的需求，就可能有市场价值。

接着需要聚焦到独特的观点。我提出的观点是农历再进化，重视乐活价值的“国民历”。这是一本具有科学精神、符合现代人需求、适合现代人阅读的国民历，通过精美的版面设计，改变了过去不易阅读、文字编排过密、内容太杂乱的问题。

我也规划好新书的结构：时间横轴就是二十四节气，空间纵轴则是我所负责的食材历与旅游文化历，彭启明负责的气象历，李咸阳负责的运势历。

我们三人合写的《乐活国民历》，由于有具体的资料根据，贴近当地生活需求，改写节气与农历的意义，出版之后，立即成为畅销书。

我也陆续出版以节气与旅行为主的《旅人的食材历》，以及重视地方风土饮食的《时光的甬道》，过程中还参与各地的观光辅导，设计十多个地方的小旅行，带动地方深度旅游的风潮。

一开始只是意外的邀约，却通过讨论了解脉络，聚焦建立新观点，写出了符合读者需求的内容，最终竟然改变了我的职业发展方向，打开一条崭新之路。

四种观点力坐标，定位你的文章

从视野、视角到视点，是一个观点聚焦的过程。接着还需要再聚焦，让观点有更清楚的定位。

你可以运用四种类型的观点力来找出观点。横轴右边是锁定个人的经验与专业，个人的故事与经历。横轴左边是他人，书写对象是你以外的人、事、物，范围从同事、亲人、社群、组织、企业到社会。纵轴上方是传达正面稳定的想法，纵轴下方则是谈改变、创新、与众不同的想法或是批判。

有了清楚的定位，就能确认要向读者传达的观点。第一类型，书写自身经验，谈的是正面稳定、恒常不变的价值。第二类型，书写自身经验，批判、质疑既有现状，提出更好的建议。这两个类型的观点正好相反，但都需要你深入剖析自己的经验、看法，来论证、支持你的观点。

第三类型，聚焦在社会、群体、组织的人、事、物现象，例如该如何建立好的顾客关系或是团队合作，甚至是亲情与爱情。第四类型则跟第三类型相反，谈的是具有理想性格的人如何改变现状、跳脱团体框架、逆向思考，勇于传达理念。

假设我要写女儿参加台球赛，经过努力获得好成绩的主题，若采取类型一的观点就是：通过努力就会成功，得到自信。运用类型二的观点，有两种角度：第一是努力不一定成功，可能要靠运气；第二是找对方法比努力更重要。采取类型三的观点就是：要想在比赛中取得成功需要持续练习，教练的栽培，家人的鼓励。若采用类型四的观点就是：台球也能培养恒心和毅力，比考试读书还重要。

这四种类型的焦点与立场都不同，写作就要选定其中一种观点类型，确认立场，再运用结构力、重点力与情节力来证明你的观点。

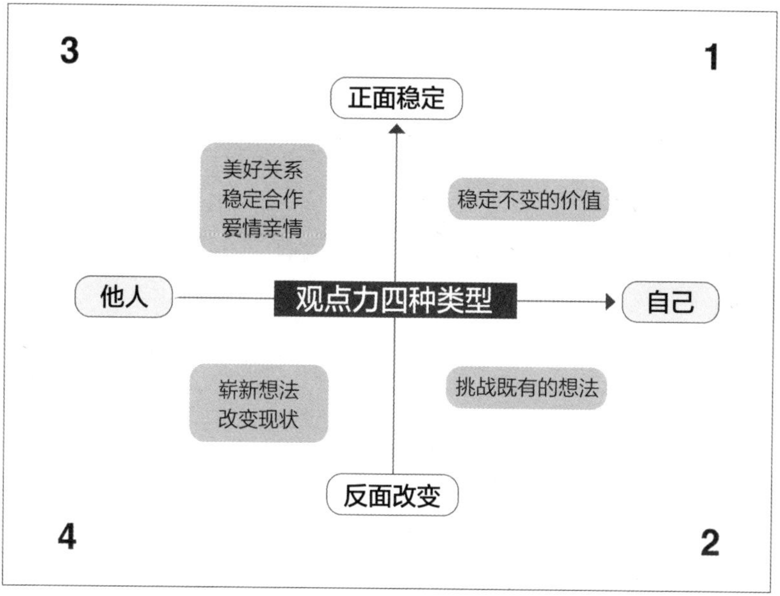

图11-2　四种观点力坐标

运用四种观点力定位

写作课中有位学员的采访作业是访问她的父亲。这位学员的父亲在新庄担任某间宫庙的庙公。她的采访写作主题是如何让年轻人了解传统宫庙文化，列出三个重点，分别是：①现在年轻人到庙里求签解惑的比例增加了；②八家将文化[①]其实有伦理性，不要贴上都是不良少年参加的刻板标签；③宫庙现在会举办当地艺术季活动，吸引人潮。我发现这三点都很重要，但彼此关联性不高，便请学员说明整体脉络，再去找视角与视点。

首先，求签解惑的人增加了，经常要排队，为了扩大服务信众，宫庙决定采抽号码牌来应变，且备有小隔间供人解签问事，保护信众的个人隐私。其次，每年农历七月鬼门关即将关闭前三天，宫庙也扩大法会规模，希望帮助亲人意外罹难的家属抚慰亡灵。另外，宫庙有效运用香油钱，举办一个月的当地艺术祭（以前只有三天），让更多当地人与外地人参与，认识新庄宫庙文化，以及神明夜巡暗访的意义。

通过扩大视野、了解脉络，我们找到了新视角与两个新视点。原本是诉求年轻人多了解宫庙文化，讨论后却发现，学员的父亲扮演了重要的角色（类型二），即在传统宗教日益式微之际，他怎么领导宫庙，运用创新与服务能力提升宫庙的现代价值。另一个角度则是以这间宫庙为主角（类型四），谈如何扩大服务，创造现代的新价值。

---

① 八家将是台湾地区的传统民俗文化。所谓八家，指的就是甘、柳、谢、范四大将军与春、夏、秋、冬（何、张、徐、曹）四大帝君。——编者注

不论是以庙公还是以宫庙为主角，视角都跟原本诉求的读者不同了，不再仅仅想让年轻人了解宫庙文化，而是把读者的范围扩大了，这样一来，从事传统产业、思考企业转型或客服的工作者，都能从这个主题学到创新转型、活化组织的能力。

只要持续练习，让自己的眼睛变成伸缩自如的镜头，你就是有见解、有自己观点的人。

回顾与练习

这堂课教如何运用观察力，培养观点力。先从视野、视角到视点逐步地聚焦，找出关键点，再通过四种类型的观点力来找出观点定位。

◢ 练习1

请根据观点力的方法，写出你文章的视野、视角与视点，并确定在四个观点力定位中属于哪个类型。

◢ 练习2

解读报纸或杂志的专栏，找出作者的观点。

第12课

观点力（二）
一语道破，胜过千言万语

我以前当记者的时候，最怕开选题会议。除了要报题目，还要论证读者为什么要看，为什么要现在写，跟其他媒体类似的题目有什么差异。

如果题目一直说不清楚，总编辑就会抛出一句话："请用一句话告诉我，你的观点是什么？""一句话？这么复杂的内容，怎么可能只用一句话就讲完，那未免太小看我的题目了吧！"记者可能都会这么想，但只能用更多话来说明，气氛往往更僵了。总编辑最后会总结："如果你无法用一两句话讲清楚，代表你没想清楚，那读者就更不清楚了。"

在繁杂混乱的信息中，能够用一句话一针见血地指出问题核心，代表你的观察与思考缜密完整；如果无法用简单几句话说清楚，就代表你还没有想清楚。

这就是观点力的核心。不仅具有独特见解，更能直指核心，以四两拨千斤的方式，让人轻松了解你的看法，牢记你想传达的观点。

不论是写作、简报或演讲，一句话的力量，往往胜过千言万语。

一句话最简单有力

简单的力量，往往最不简单。乔布斯曾跟广告公司开会，争论一支30秒的iMac广告片该放进多少信息。创意小组认为只强调其中一个主要特性，效果会更好，但乔布斯认为还有四五项重点应该要说清楚，双方僵持不下。

后来团队负责人克劳从笔记本上撕了五张纸，揉成五团纸球。

“乔布斯，接住！”他边说边丢一个纸球给乔布斯，乔布斯轻松接住了，还反丢回来。“这就是成功的广告，”克劳说，“现在再接住这个，”他同时把五团纸球都丢向乔布斯，乔布斯却一个也没接到。“这就是失败的广告。”克劳说。后来乔布斯让步了，同意制作单一信息的广告。

“你要人们注意的事情越多，他们记得的事情就越少。”《苹果故事：乔布斯的简洁之道》作者肯·西格尔当时就在现场目睹克劳的示范，“如果我们想给人们一个好理由去试用iMac，就得挑出最引人入胜的特点，再以最引人入胜的方法去呈现。”

一个产品的特点，也就是一篇文章的观点。小说家卡夫卡曾说：“一本好书，就是一把凿开内心冰海的破冰斧。”这把破冰斧能一刀切入核心，改变读者的认知，这就是独特的观点力。

观点力，越短越有力。一般来说，如果在十五到二十个字之内写完观点，读者能快速读完，产生印象，甚至还能复述转达，这样就能呈现一句话的精准力道，因为整篇文章就是在证明、传达这句话的内涵与意义。

一句话也传达了自信心与信赖感。川上徹也在《一言力》中指出，明确传达说话者想表达的内容，产生让他人信赖的力量，称为“断言力”。伟大政治家、宗教家与经营者，都是通过断言力俘获人心。

知名广告文案达人布鲁斯·巴顿主张，耶稣是优秀的广告人，他写出了最佳广告文案，因为耶稣使用的技巧就是浓缩信息并作出断言。例如《圣经》上说“爱你的邻人”“人活着不是单靠食物”“虚心的人有福”。

我也很欣赏剧作家奥斯卡·王尔德机智幽默的话语，“毫不危险的想法根本不配称为观念。”“穿在自己身上的叫时尚，别人身上穿的就不是时尚。”“男人可被分析，而女人只能被疼爱。”

对读者而言，一句话可轻松了解、咀嚼玩味；对作者来说，却得持续锻炼，长期累积一句话的能力。

在瑞典担任高中教师的吴媛媛，在《思辨是我们的义务》中谈到了瑞典学生如何磨炼写作能力。瑞典学生在学校的写作课上，主要练习的是文章摘要和论辩文章。写摘要考验学生阅读理解、统整、简化和正确引用原文的能力，而辩论文章更考验学生的逻辑思考和表达能力。

辩论文章的写作要求，类似鱼骨写作。文章开头必须清楚表明立场，接下来每一段都提出一个论点支持，各段开头的第一句话必须总括整个段落，最后一段再次总结全文。这个结构只要缺了一点，就会被老师扣分。

从整篇文章的观点到每个段落的开头重点句，都是运用一句话来练习思考与表达。

讲明白，就代表你想清楚了

爱因斯坦说：“如果你没办法简单说明，代表你了解得不够透彻。”放在脑袋中的想法，如果不拉出来尝试用口语或文字表达，都只是模糊不清的想法，还没有提炼萃化成精准的观点。

要训练“一句话观点力”，得先累积词汇能力。而且，这种词汇能力不是要写出精雕细琢的字句，而要写浅显有力的文字，这样才能让人好读、好记又好理解。

知名出版人见城彻在《读书这个荒野》中指出了“言语词汇”的重要性。他解释，出版编辑只有一项武器，就是“言语词汇”。用言语词汇说服作家，打动、引导他们写出具有压倒性能量的作品。

言语词汇不只是编辑的武器，也是许多经营者和生意人的武器。因为无法正确使用言语词汇，就无法率领下属、提升业绩，更不可能做好生意。

要如何培养言语词汇能力呢？见城彻提出的方法是阅读，但是他不主张读越多书就越好，如果只是累积片段的信息，也无法培养言语词汇能力，因为那都只是作者的说法，他主张要从书中感受到什么。读书不是要看书里写了什么，而是去感觉自己如何感受。

比如要争取作家将书稿交给他出版时，他就会大量阅读该作家的作品，写出心得后，再借由对话交流，帮助作家察觉自己没发现的事情，提出更好的观点，而不是只回答“不错呢”“很有趣”这种浅薄客套的感想。

■ 一句话观点

要如何运用一句话，创造让读者关心，又能彰显文章独特的观点？我以情节力（一）写作课学员书写出租车司机的故事为例。

课堂上，大家归纳出三个读者会关心的特色重点，分别是：如何建立打车热点的大数据；如何制造熟悉度，让生客变熟客；司机凭借敏锐的观察力，能够察觉客人是否想叫车。最后讨论出来的观点，在于如何创造自己的经营价值。

这位学员诉求的读者，在于想开拓业务、维系客户、从事服务业的工作者。出租车司机的故事跟他们有什么关联呢？因为司机运用的方法，就是通过观察与细心，创造自己的机会，这也是从事顾客服务工作者最想学习的能力。我们运用的一句话观点，就是“如何将生客变熟客，创造稳定好业绩：出租车司机不告诉你的秘密”。

再举个例子，让一句话的力量更精准。有位写作课学员偶然有个机会去学习做果酱，许多朋友试吃后非常喜爱，纷纷下订单，结果她的果酱越做越多，越卖越多，已经成为她的副业，无意间变成人生的一部分。

通过小组讨论出来的观点是“为感谢而生的果酱”，作为支撑的三个重点分别是：①感谢老天，因为无意间认识一位果酱老师，开启了她的制作果酱之路；②感谢自己，愿意打开心胸，学习新的专业能力；③感谢客人，若没有大家的支持，也无法开创果酱事业。

“为感谢而生的果酱”用一句话清楚表达观点与特色。由于果酱品牌是“悦好物集”，我建议重新调整内容，改成“因为果酱，人生悦来悦好”，比较贴近这个品牌特色，学员们也觉得很不错，这句话有趣又吸引人。

创造自己的金句：打磨淬炼文章的关键句

为什么我们要练习运用一句话创造自己的金句？主要是运用精彩的关键句，能够让读者有记忆点、有感觉，同时认同作者的个人论点。否则文章写再多、再详尽丰富，读者也不一定记得住。

有两种方式可以练习一句话的力量。一个是从阅读或复杂信息中抓出最重要的一句话，自问自答，尝试练习表达，或向朋友、家人或同事说明，在一问一答的讨论过程中打磨想法。如果对方因为某句话眼神一亮，或是开始好奇，提高兴趣，就代表那句话具有影响力。

■ 换句话说，重新表述

另外，也可以站在巨人的肩膀上，练习换句话说。金句名言看似很多，但不少核心观点是一样的，表达方式不同，但传达了相同的意义。

我们要多练习同中求异、异中求同，但前提是尽量不要用成语，因为成语用的人太多，很难体现你个人的见解，不易发挥一句话的影响力。

我们也可以将成语的意义，转换成自己的话，重新表述出来。例如“塞翁失马，焉知非福”，电影《阿甘正传》也是要传达这个意思，但编剧用了“人生就像一盒巧克力，你永远不知道下一颗是什么味道”这句台词，特别隽永，而且有画面感。

■ 向名人借观点，转译成自己的金句

也可以向名人、名言或书名借观点，运用拆解、相连或对比这三种方法来重新“转译”成自己的金句。

拆　解

拆解一句话，再加料变成自己的金句。把好句子拆开，再加几个字，转变意义，就变成了新的句子。比方我撰写的《时光的甬道》，可以拆开改装，变成“风土餐桌，深度旅行”“风土飨宴，小地方的深旅行”“走遍台湾，风土小旅行”。

相　连

第二个方法是两句话相连，换字变金句。原本两句是相连的意思，可以各换几个字，改装成新句子，以《走自己的路，做有故事的人》为例，可以用“走出自己的路，做有故事的好人”“走自己的路，说有影响的故事”“走艰难的路，做有故事的人”。

《机会效应》中“人生不能准备，只有勇气可以准备”，可以拆解为“人生需要勇敢下注”“人生唯一能准备的，只有勇气”“人生不能计划，只能一路打游击”。

对　比

第三个方法是两句话对比，转换字词变成自己的好句。原本句子是对比功能，我们可以置换字词，保留对比效果。比方丘吉尔有句名言，“成功就是不断失败，而不丧失热情”，可以转换成“成功就是不断失败，而不丧失勇气”“真正的成功，在于接受失败的勇气”“成功就是不断失败，还持续拥有热情”。

这样的练习，不是天下文章一大抄，而是天下金句一大“转”。重点是要通过自己去消化、吸收与感受，找出观点的核心，转换成一句精彩有力的话语，引起读者的共鸣。

但不能仅仅模仿或是沉迷打造金句，关键还是观点。你的观点是否有足够的重点力与情节力支持，能否运用视野、视角与视点的调整转换，找出独有的观点，打磨淬炼出关键的一句话，创造出吸引人的力量。

没有好观点，再美的金句也只是虚无的美丽，期待你找到那把锐利的破冰斧。

回顾与练习

一句话主要是通过字句的感受，转换成为你个人的想法。以下列出几个经典名句，请你练习改写，变成自己的一句话。

◢ 练习1

丘吉尔：

一句谎话需要无数更大的谎话来遮掩。____________

如果纠缠于过去与现在，我们将失去未来。____________

◢ 练习2

王尔德：

毫不危险的想法根本不配称为观念。____________

政党是众人唯一不谈论政治的地方。____________

第 13 课

标题力
第一眼就决胜负

我们常以为，写作是记者与作家一个人的事，但其实写作这件事需要分工合作。我刚当记者时在《财讯月刊》工作，每个月截稿的流程是记者写完稿、总编辑看稿，再由副总主笔敲定标题，最后再交给后期制作完成版面。

副总主笔（我们都尊称他为“尹先生”）是一位中年大叔，他不用采访、写稿，只负责拟写标题。他会用蓝色圆珠笔在稿件上写下大标题、小标题，稿件上常留下他改来改去的字迹。常看他埋头苦思或是望着远方出神，有时会把记者找来，询问报道内容的重点，心领神会之后，再提笔构思标题。

每个月尹先生几乎只有截稿期才出现，他的工作看似轻松，却能起到画龙点睛的作用。他写的标题常让人会心一笑，浅显易懂，一行标题几乎就能传达整篇文章的意涵。

千言万语，抵不过一句神标题

1998年世界杯足球赛，克罗地亚爆冷门拿到第三名，这一事件受到全球瞩目。我在《财讯月刊》的第一篇文章，就是写这个从南斯拉夫独立、饱经战乱的小国，为什么具有这么厉害的运动实力。

我已经忘了内容写的是什么，只记得尹先生定的标题：“克罗地亚三大奇迹——足球第三名，篮球第二名，战乱第一名”，一句话就点出了这个国家的特色。

他也经常用数字对比，凸显内容的重要，例如“比尔·盖茨工作半小时，克林顿得辛苦一整年——世界首富500亿美元传奇”，或是运用押韵让两个无关的句子产生有趣的联结，像“这边作秀，那边作案”，或是“多妻多子，最大是老子——×××独裁统治，6子2女各就各位”（形容某位财团总裁）。

这些神来之笔，常让作者苦心孤诣写出来的文章，还不如一个标题让人记忆深刻。就像日本文学家芥川龙之介在遗稿《傻子的一生》中所写的：“人生不如一行波德莱尔。”

■ 有了好标题，读者才会往下看

文章一开头的标题（也就是题目），需要具备一句话的简洁力量，这往往是读者决定是否开启阅读的关键。阅读流程跟写作相反：作者都是写完文章之后，才开始想标题；读者则是先注意到大标题，有兴趣了，再读第一段，或是翻翻整篇文章的小标题，有了大致理解，才愿意花时间细读。

专业写作者可以分工合作，但大多数写作者是一人团队，得练习当自己的编辑，在文章、书信与企划书中，帮读者写出吸引人的标题，让读者一眼就知道重点，还想继续读下去。

不要忽略标题的重要性，这是读者看你文章的第一眼，标题就是文章的眼睛。

做自己的编辑，培养标题力

标题无所不在。公交车厢广告、地铁站标语与车厢广告，都是捕捉路人目光的标题。网页也是标题战场。我们浏览网页，大多是用手指迅速滑动，直到找出有兴趣的关键词，才可能点击进去阅读。

我们不能被动接受标题轰炸，而要主动出击，运用标题力影响他人。《精简：言简意赅的表达艺术》强调："用简单的方式来陈述，不表示这件事本身是简单的。这样做只是为了要让其他人能够认知、了解这件事。"

■ 写标题需要换脑思考

过去当记者时，我只负责写作，标题都交由后期制作编辑负责；直到担任主编刊物的工作之后，我才开始学习写标题。这跟写作截然不同，需要换脑思考，站在读者的角度，才能让标题更有吸引力。

标题力是一种诠释的转译能力，要有能力将复杂内容浓缩成一个标题来传达。要取代原本主观的作者思维，从读者的客观立场，以最少的字句、浓缩最多的信息，用精准又吸引人的方式传达给读者。

■ 出色的标题要有画面感

好标题除了要精准，还得建立读者内心的图像感。《重要的事情瞬间说明》强调，当说法以资讯的形式进入人脑时，其实人们并非通过文字进行理解，而是先将文字转换为图像后，才予以理解。因此，标题文字有了图像感，读者就能有效掌握与理解。

有了图像思考，才能让标题更出色。试着将你想表达的内容标题化、简单化、图像化，用简短的文字清楚表达出来。

我原本是财经杂志记者，擅长文字思考，后来转换到时尚杂志

《GQ国际中文版》担任副总编辑，让我最震撼的是选题会议。财经杂志都是题目优先，时尚杂志则是视觉优先。

为了执行视觉任务，我花了很长时间学习图像思考。例如要跟摄影师沟通，拍出编辑要的画面，得先找到参考图像，更得事先勘景、找出拍摄重点。进入后期制作，如果照片不能通过艺术总监这关，还得重拍。最后才是和总编辑讨论，写出精准有趣的大标题。

画面感的训练促使我运用标题与图片建立读者的视觉感。当我开始演讲与授课之后，简报内容就像杂志版面一样，一张图片配一个标题。对观众跟学员来说，一眼就看完，不用细读文字，又有图像辅助理解与记忆。

■ 关键的那一句话

在写作课讨论学员文章时，我也会根据重点，先找出关键的一句话，再提出建议标题。比方有位学员采访发型设计师，他自称是“剪发师”，而非设计师，喜欢剪出单纯简单的发型，不建议客户染烫，平常也过着简单的生活。我听完学员叙述的重点，帮忙拟定了大标题：“‘剪’单人生”，用一句话就让学员瞬间了解并聚焦文章核心，运用剪发与简单原则的双关语，精准写出这位剪发师的故事。

当自己的编辑，需要换脑思考，从作者思维变成编辑的标题思考。要先站在读者的角度重新读一次文章，找到文章的一个观点与三个重点，接着运用第2课提出的ROA思考术来思考：读者为什么要看？看完有什么收获？什么标题会让他有感觉？从这些角度去思考，就能写出清楚易懂的标题。

制造阅读摩擦点：四原则与六技巧

不只过去纸本时代的阅读要靠标题，现在网络阅读更要靠大量的标题。资深编辑康文炳在《编辑七力》中分析，网络使用者会在各个页面游走，试图找出当中最吸引人的片段，他提醒媒体工作者要留意安排版面上的“阅读摩擦点”，也要花心思处理这些摩擦点。

摩擦点就是让读者停留注意、不要快速游走的阻碍点。因此，想抓住读者的眼球，最快的就是运用标题，设下刺激读者眼球的“阅读摩擦点”。没有摩擦的平滑阅读，不易引起读者注意，要制造火花才能凸显亮点。《编辑七力》强调：“在不失真的前提下，能引发读者兴趣、促成销售，并能强化长期品牌定位的标题，就是好标题。”

阅读摩擦点有三个目的：触动内心、带来新奇与制造张力。触动内心是运用读者熟悉、关心的内容，来引起共鸣。带来新奇是为了制造让读者好奇的新鲜感，让读者想知道后续内容。制造张力则是刺激读者情绪，让读者迫不及待想知道答案。

该如何制造阅读摩擦点呢？主要有四个原则、六个技巧。罗伯特·布莱在《文案创作完全手册》中主张标题有四大功能：吸引注意、筛选听众、传达完整信息、引导读者阅读文案和内文。在这四个功能下，布莱指出了有效标题的四U原则。

■ 急迫感

首先是Urgent（急迫感）：要给读者一个立即采取行动的理由，例如加入时间元素（限时优惠、截止日）。

■ 独特性

其次是Unique（独特性）：描述新事物，或是用全新方式来呈现已知的内容。

■ 明确具体

第三是Ultraspecific（明确具体）：内容要非常清楚易懂，信息充足或是有画面感。

■ 实际益处

第四是Useful（实际益处）：具有利益好处，例如省时、省钱、解决问题、改善缺点。

四U原则让我们思考，文章标题是想凸显哪种特色，哪个U才是你传达的重点？接着再思考如何运用标题技巧来满足四U原则。

我归纳出了六个标题技巧，包括直白、提问、对比、联结、极端与数字。

直　白

运用一句话的技巧，直接将观点、金句传达清楚。例如我自己的书《旅人的食材历》《乐活国民历》《时光的甬道》《走自己的路，做有故事的人：从生活脉络寻找改变的力量》。好几本写作书名也相当直白，如《编辑七力》《哈佛非虚构写作课》《〈华尔街日报〉是如何讲故事的》《写作法宝：非虚构写作指南》。

提　问

平铺直叙不一定吸引人，运用"为什么"来提问，能增加读者的好奇。例如：《为什么最便宜的机票不要买：经济学家教你降低生活中每件事的风险，做出最好的选择》《为什么我们这样生活，那样工作》《为什么GDP增长，我们却无感：GDP没有告诉你的事，拼的是数字增长，还是人民的幸福》《你家冰箱住的是天使还是恶魔》。

对　比

句子之间有反差，意思相反、互相抗衡，最容易产生阅读火花。畅销书《富爸爸，穷爸爸》，或是《不要在该奋斗时选择安逸》《别在该动脑子的时候动感情》《小国大想象》《以小胜大》，都是运用两个极端相反的名词制造对比火花。

联　结

运用铺梗的联结效果，让两个无关的句子变有关，或是制造出冲突，凸显差异。中间联结的梗，可以运用同音不同义、押韵字来产生。例如"这边作秀，那边作案"、报纸标题《网红，不迷网》，还有书名《你所谓的稳定，不过是在浪费生命》《你要么出众，要么出局》《健康，自脊来》《好姿势，救自脊》，都很有创意。

也可以运用另一个关键词，把两个无关的名词联系在一起。例如《命运，看得出来，但肝苦看不出来——定期肝病筛检，才能远离肝苦》，将掌纹的命运跟肝苦相连的是“看不出来”。

极　端

最强烈的字眼，凸显重要性、急迫性。例如第一、唯一、最好、最高等。比如电影名《最黑暗的时刻》《第一次接触》。书籍《最低的水果摘完之后》《最后生产力的一年》《最后十四堂星期二的课》《一人公司》《大查账》《大数据》《小数据猎人》等。

数　字

运用数字是比较理性的传达，让读者能够更具体地了解。例如《第二曲线》《三的思考途径》《80/20个人革命》《第四消费时代》《六个问题，竟能说服各种人》《第五项修炼》《营销3.0》《营销4.0》。

标题四定位：四种标题类型

掌握标题力的四U原则与六技巧，就可以制造阅读摩擦力。不过，即使掌握了这些标题技巧，还是容易忽略整体定位。

这时，运用“标题四定位”，先帮助写作者做好标题定位，再运用四U原则与六技巧，以及模仿转换的方式，提升自己的标题力。

写作者要先思考，你是想传达具体好处，让人一看就懂，还是要用强烈字眼提醒读者正视现有问题？前者是萝卜式的正面思考，鼓励与支持；后者则是负面表述，挑战读者认知，再用大棒刺激与督促，两者效果非常不同。接着再思考要如何呈现，是运用提问法，还是简单传达？是要制造好奇感，还是一目了然？最后，便能够决定标题类型是要采取“观点式标题”“提问式标题”“警告式标题”，还是“悬疑式标题”。

■ 观点式标题

“观点式标题”的特色，在于明确说出好处或是清楚的立场与重点［也就是四U原则的Useful（实际益处）］，让人一目了然，不拐弯抹角、拖泥带水。例如“‘剪’单人生”就运用直白与联结两种技巧，一语双关传达了作者的观点。

■ 提问式标题

“提问式标题”的特色，在于运用提问技巧，让读者好奇读完可以得到什么效益。你可以将观点式标题转个弯，加上问号，增加好奇效果。有时是因为文章本身太平铺直叙，通过一个有趣的提问，反而会点燃读者想一探究竟的好奇心。

例如《为什么泡面总是弯的》，加上“为什么”，就让原本理所当然的事情，增加新奇与有趣感。或是《为什么印度人天天吃咖哩》，这本书谈印度各种文化之谜，但是文化太抽象，咖哩则具象熟悉，从这个小问题出发，简单有趣。

■ 警告式标题

相对于前两种正面表述的标题，“警告式标题”则强调让人紧张的反面与坏处。

“警告式标题”会运用对比，来凸显“不……就会如何”，有一种立刻改变的紧迫感。比方《你所谓的稳定，不过是在浪费生命》《别在该动脑子的时候动感情》《脱贫比脱单更重要》。

或是打破一般的认知，用反向思考来吸引读者。加上一个“不”，马上就产生不同效果，像《文艺复兴并不美》，就会打破文艺复兴的美好印象，《有钱人想的和你不一样》也会让人好奇哪里不一样。

■　悬疑式标题

“悬疑式标题”，则是通过提问，将“警告式标题”变得让人好奇、有内幕，甚至带点暗黑的悬疑感。

《Cheers快乐工作人杂志》曾针对流行话题“斜杠青年”，运用悬疑式标题的手法，写出了“斜杠人生，真的适合你吗”的封面标题，为斜杠的正面意义加上猜疑不安的感觉。

另外则是“悬疑对比法”。《天下杂志》网站的标题《为何一家嘉义小医院，让最多台湾人在这里选择怎么死》，这个标题结合极端、提问、负面暗黑“死亡”与医院的对比，非常吸引人，让人关心原因。《为什么最便宜的机票不要买：经济学家教你降低生活中每件事的风险，做出最好的选择》《为什么GDP增长，我们却无感：GDP没有告诉你的事，拼的是数字增长，还是人民的幸福》《你家冰箱住的是天使还是恶魔》，“获利创新高，为什么股价频破底”也属于这种让读者吓一跳的对比手法。

写作需要靠99%的努力，但1%的标题才会让你被看见。

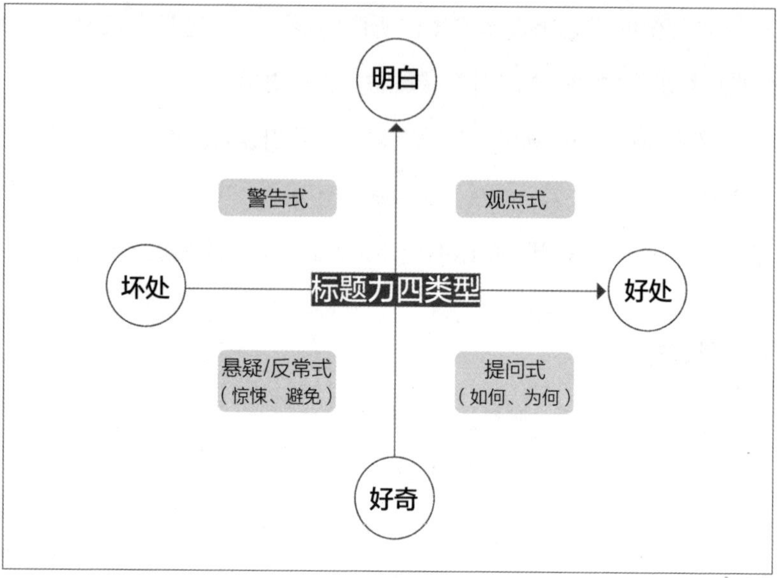

图13-1　四种标题定位

如何运用标题力六技巧

这六个技巧，也能彼此混搭，创造更强的标题。《远见杂志》有个标题“为什么老是小人物要负大责任”，就运用对比与提问两种技巧，强调默默工作的小人物没人关注，但是出了事，常常是小人物倒霉扛责任。《为什么有盈余，还是会倒闭》也用了提问与对比，让读者感受到矛盾的疑问，反而会更好奇。

你也可以运用模仿与转换，来创造自己的标题。模仿与追随是仿照现有流行的名词，再加以转化，变成自己的标题。这也是一种运用熟悉感、让读者一看就知道大概意思的技巧，不需要再多做解释。

好比观察书籍排行榜，就可以快速了解时下流行的标题趋势。例如，哈佛就是一个流行名词，代表公信力与保证：

直白：《哈佛商学院教我的成功关键：世界顶尖商学院的学习经验》《姿势决定你是谁，哈佛心理学家教你用身体语言把自卑变自信》

提问：《为什么我们的决定常出错？哈佛教授的9堂心理课》

对比：《球学：哈佛跑锋何凯成翻转教育》《轻轻松松上哈佛》

联结：《姿势决定你是谁，哈佛心理学家教你用身体语言把自卑变自信》

极端：《更快乐：哈佛最受欢迎的一堂课》《记得你是谁：哈佛的最后一堂课》

数字：《情绪灵敏力，哈佛心理学家教你4步骤与情绪脱钩》

麦肯锡或是日本东大，也是流行的标题关键字：

直白：《挑战不可能！麦肯锡都在用的“绝对做得到”思考法》

提问：《为什么聪明人都用方格笔记本：康奈尔大学、麦肯锡顾问的秘密武器》《麦肯锡问题分析与解决技巧：为什么他们问完问题，答案就跟着出现了》

对比：《狡猾的读书法：改变学习顺序，我从大学落榜生变王牌律师》

联结：《终结低等勤奋，麦肯锡精英教你有用的努力》

极端：《东大最强惊奇读书法》

数字：《麦肯锡精准提问术，1秒思考，突破盲点，直捣问题核心！》

流行好一阵子的《被讨厌的勇气》，创造了“被”与“勇气”这两个词的流行。如果模仿这两个词，加上不同的名词、动词，也可以创造自己的标题。例如《被批评的勇气》《被讨厌的商机》《被垄断的心智》《被遗忘的天才》《被赏识的技术》《被黑潮撞响的岛屿》。

另外是勇气系列。《不教养的勇气》《变老的勇气》《管教的勇气》《空巢的勇气》《零下四度的勇气》《做自己的勇气》《行动的勇气》《需要的不是运气，而是勇气》。

《情绪勒索》也是热销的书籍，这个书名也成为许多标题仿效的句子。一个是运用对比法，多了一个“不”，就产生新的效果，像《不被情绪勒索的51个方法》，就是负负得正，成为正面方法。

在情绪勒索的前后，增加新的动词与名词，也能创造新标题。例如《面对家人的情绪勒索》《别用情绪勒索教养你的孩子》《隔绝情绪勒索，给自己温暖的心情整理术》。另外是运用“情绪”，增加新词语：《情绪寄生》《情绪阴影》。

回顾与练习

这堂课教如何培养标题力，从四U原则到六技巧，以及四个标题定位。

◢ 练习1

定位标题：请运用标题四定位，练习写出四种不同的标题。

◢ 练习2

运用六技巧：请从四种标题中，尝试运用六技巧，或是混搭其中两种元素，创造你的标题。

第14课

开场力
不是亮刀子，就是抛钩子

你是否想过，读者会不会记住你文章的第一句话？第一句话要怎么写，才能吸引读者？

好文章的开场需要精心布局，一个漂亮的开头，是成功的一半。推理小说家劳伦斯·布洛克在《布洛克的小说学堂》中曾谈及开场白的重要性，要吸引读者的注意力，带他进到故事里面，预留情节舒展的空间，既要有用又要有趣，让读者欲罢不能。

《阿甘正传》一开始的画面是一片羽毛伴着主题曲随风飘荡，最后落在阿甘脚下。他捡起羽毛，放进箱子里，里面有台球拍、鸭舌帽与记事本，这些暗示着他后来的经历。阿甘送给邻座等车的乘客一颗巧克力，并说："我妈妈常说，人生就像一盒巧克力，你永远不知道下一颗是什么味道。"这句话是电影的主题，也是隽永名句。

写作如同拍电影，也需要好开场。当读者推开标题大门，迎面而来的第一段内容，就应该是一颗让人好奇与期待的巧克力。

开场在于如何破题，要么开门见山亮刀子，要么制造悬疑抛钩子。《布洛克的小说学堂》强调开场的三个功能，包括：让故事动起来、设定文章调性与提出关键问题。我延伸诠释为：①让文章持续前进，不原地打转；②建立文章风格，展现写作特色；③让读者快速知道文章要尝试解决什么重要问题。

我的观察是，许多不吸引人的文章开场，就是没有破题。为什么破不了？原因在于文章充斥太多信息、过度铺陈，没有明确指出要解决的问题，导致读者看不到重点，也无法立刻产生兴趣。

从文学作品找开场彩蛋

我从拆解好文章的逆向练习中，找到两种培养开场力的方法。首先是模仿文学名作，转化成自己的句子；其次是在采访或观察过程中，找到自己最有感觉的场景，或是受访者与观察对象说过的精彩名言，变成开场的内容。

伟大的文学作品，开场都值得细读与学习。我常常从经典文学作品的开场中找到灵感，让我在理性的财经分析、感性的乡镇旅行，或是流行时尚的文章中，都能发挥自己的写作开场力。

先以财经报道为例：

大文豪狄更斯《双城记》的开场气势磅礴，又有强烈对比，常被各种文章引用："那是最美好的时代，也是最恶劣的时代；是智慧的时代，也是愚蠢的时代；是信仰的时代，也是怀疑的时代；是光明的季节，也是黑暗的季节；是充满希望的春天，也是使人绝望的冬天……"

我曾在自己主编的《一千大企业特刊》主文，开场就用对比手法，拉高文章格局，写出读者关注的问题："这是同业相互竞争、异业彼此掠夺的时代，是消费者导向的时代，也是令人找不到方向的时代。需求不见了，市场消失了，方向模糊了……利润在哪里？赢家在哪里？"

相对于狄更斯的格局，托尔斯泰在《安娜·卡列尼娜》的开场，则用了一个更简单的对比，巧妙写出让世人诵读的名句，也揭示了该书主旨："幸福的家庭都是相似的，不幸的家庭各有各的不幸。"

这种直接写出结论、传达文章主旨的开场笔法，体现了作者的自信与企图心。我把这个技巧应用到了台塑企业的报道中："时间是企业的大敌。美国的百年企业存活率只有一成，时间却是成立47年的台塑最好的朋友。"

如果是写感性的乡镇旅行报道，文学作品的开场就更有借鉴意义。马尔克斯的《百年孤独》，故事开头就让广大读者着迷："多年以后，面对行刑队，奥雷里亚诺·布恩迪亚上校将会回想起父亲带他去见识冰块的那个遥远的下午。"

这个倒叙方式很特别，让人想了解那个寻冰的午后。这种手法引发了我的灵感，在我主编的《旅行台湾的25个惊喜》中描写新竹县《重温百年蜜香梦》时，开场就揣摩1895年抗日英雄姜绍祖的心情，也带出了新竹的风土："许多年后，当20岁的姜绍祖面对重重日军包围，沮丧绝望的他，仰望蓝天。一股凉风吹过，仿佛是故乡久违的九降风，便会想起小时候跟母亲在茶园穿梭的欢乐，他突然想喝茶，一杯充满蜜香滋味的茶。"

除了大格局、简洁对比与故事倒叙，悬疑性开场也会创造惊奇感。人类学家列维-斯特劳斯在《忧郁的热带》中运用否定句来开场，几句个人情绪的描写，就制造出了悬疑感："我讨厌旅行，我恨探险家。然而，现在我预备讲述我自己的探险经验。"

我也学习采用这种方式来颠覆认知。这是《旅行台湾的25个惊喜》中关于马祖的开场："马祖除了海，什么都没有。莒光乡船老大民宿老板郑智新说，其实，只要有海，马祖什么都有。"

或是丢出疑问，制造悬疑感。这是关于云林的开场："这是个美丽的错误。云林没有云雾森林之美，真正的云林更不在云林，怎么回事？"

此外，我还学会只用一句话强力破题。讣仁成《冷静与热情之间》的开头十分简洁有力："这个城市随时都阳光灿烂。"我多次援用这种写法，例如写嘉义市："这个城市的阳光永远温柔灿烂。"《走自己的路，做有故事的人》第一章开场："那是一个阳光灿烂的午后。"

白先勇《台北人》这部短篇小说集中第一篇《永远的尹雪艳》的开场也很经典："尹雪艳总也不老。"这句话启发我大胆运用短句开场。例如我在《GQ》撰写知名时尚大师汤姆·福特的报道，述说他离开古驰之后创造个人品牌的经营策略，只用短句开场："久违了，汤姆·福特！"

让自己难忘的话语，也能让读者难忘

第二个培养开场力的方法，就是回忆让自己印象最深刻的画面、场景、他人说的话，作为文章的开头。让自己难忘的画面或话语，一定也能让读者难忘。重点是让读者融入，让他关心接下来会发生什么事。劳伦斯·布洛克在《小说的八百万种写法》中曾这样谈开场的目的。

我采访过蔡康永，因为他时间有限，只能约在录像休息的空档受访与拍照，为了争取时间，我们利用拍照空档访问。我先在摄影棚现场等候，后来在文章开头写着："下午四点半，《康熙来了》摄影棚。

结束访问之后，主持人蔡康永一句招呼也不打，转身走出摄影棚，径自回到休息室看书。五点半，在摄影师的拍照空档，他总是用右手指抵着头若有所思，面对记者的眼神与语气更带有一种疏离感。等到摄影师准备好，他抬头注意镜头的刹那，炯炯眼神带有轻柔的妩媚。”

用特殊观察场景当开场，有两个目的。首先是传达主角不为人知的那一面，其次是写出你独特的观察角度。蔡康永的开场，我想呈现他疏离、自在与聪明的那一面。

平常要多累积五感的体验，培养传神的开场力，揣摩现场感，让读者感同身受。

开场吸引力五S元素

我主编《旅行台湾的25个惊喜》时，要写全台25个县市的旅行特色，每个县市的开场都不相同。后来撰写《时光的甬道》，写全台12个小地方的风土饮食，每个开场也都不一样。写《机会效应》时，有17个故事，从前言到结语有9个章节，也写出了不同的开场。

我根据长期钻研开场力累积的经验，归纳出了开场力的五个S元素，包括惊奇（surprise）、悬疑（suspense）、直白（straight）、纠结（struggle）与情境（situation）。

厉害的开场白，首先得具备惊奇或悬疑的元素。“惊奇”是为了加深印象。“悬疑”则是产生好奇，让人想继续往下读。“直白”则是开门见山说出独特的论点，清楚说明这篇文章的结论。“纠结”要点出让人困扰、关心的关键问题，直接击中要害。“情境”在于用一个小故事，跟读者建立联结，用来铺陈后面的论述。

厉害的说故事高手，尤其是推理小说家、管理、营销的写作高手，最擅长用故事情境开场，简单描绘人、事、时、地、物与场景，紧扣主题，传达最重要的特点。

比方马尔克斯在《百年孤独》中的经典开场，用意是追溯主角从小到大的变化历程，以及这个百年家族魔幻写实的沧桑历史。另外值得参考的是海明威在《老人与海》的开场："他是一个老头子，一个人划着一只小船在墨西哥湾大海流打鱼，而他已经有84天没有捕到一条鱼了。"一开始先讲老人没有捕到鱼的落寞，然后描写他与鱼搏斗的历程。

这五个S元素也能相互结合，创造更突出的开场效果。好比用情境开场之后，接着再切入一个令人纠结的问题，或是制造意外惊奇，

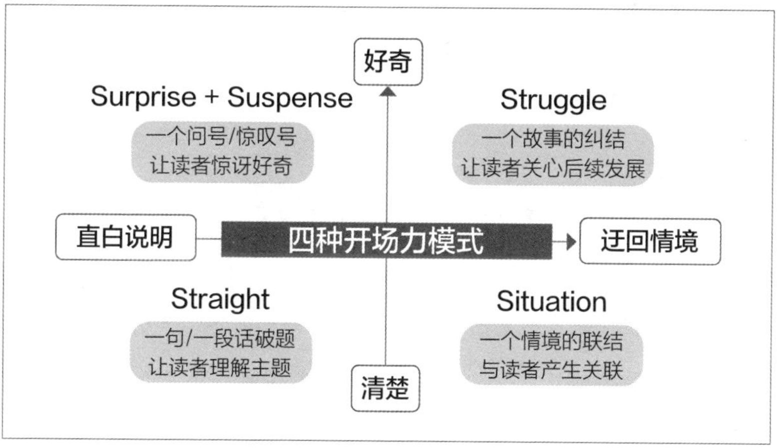

图14-1　四种开场力模式

或产生悬疑，引人关切到底发生了什么事。

写作者要萃取开场力的五S元素，通过开场的一两段文章，精准有力地抛竿，让读者上钩。

四个“一”，写出四种开场白

为了有效运用开场力，我将五S元素整理在四个象限，根据文章的开场定位，决定运用哪种开场模式来跟读者沟通。主要是一个故事的纠结（struggle）、一个情境的联结（situation）、一句/一段话的破题（straight）与一个问号/惊叹号（surprise与suspense）。

这四个模式，我以《机会效应》几个开场作为示范案例。

■ 模式一：运用故事的“纠结”元素，产生好奇心

第一个模式在于引发好奇，产生吸引力，运用迂回情境的方式，先说一个故事，描述主角遇到的问题与阻碍，以及内心的纠结与困扰建立与读者的共鸣与联结，让读者希望知道后续会如何发展。

多年前SARS风暴来袭，位于台中德安百货公司的春水堂人文茶馆，受到SARS冲击后，生意一直没有太大起色。当时连着好几个月，每日营收从原本的两三万元，跌到每日平均不到一万元。担任德安店店长才两年的江宜桦，一直很苦恼，觉得自己不能胜任，想提辞呈以示负责，主管安慰她，不要心急，一定会找到改变的方法。

解析

外在环境的冲击，造成店长的业绩大幅滑落，面对这个压力，店长想离职以示负责。开场只用一段来说明问题原因，以及带来的个人情绪纠结，让读者了解问题脉络，也能感同身受店长的压力，关心要如何来解决这个难题。

■　模式二：运用“情境”帮助读者快速了解主题

第二个模式只是想通过情境场景，让读者快速了解状况，而非引发好奇。这个模式的开场文字要简短清楚，只呈现重要信息即可。

“我是关关难过关关过的阿娟（“娟”的闽南语念ㄍㄨㄢ，发音为guān）。”这是我在全家便利店绩优店长教育训练工作坊，听到的最有趣的自我介绍。戴着眼镜，看起来像一位老师的冈山店长许瑞娟，告诉我她为什么遇到难关总能化险为夷。

解析

用一句有趣、让我印象深刻的话当开场白，也让读者知道她的身份是便利店长，经常遇到难关，又能渡过难关。让读者快速明了文章主题，就是她遇到什么难题，又如何克服难题。跟模式一的差异，在于没有刻意写出她的情绪与纠结，而是用有限篇幅带出主题。

■ 模式三：用“直白”的一句话让读者马上理解

模式三是直白说明主题。通过一句话或一段话，让读者清楚理解整篇文章的观点。

十多年前，在新竹工研院写程序的孙治华，大概没想到自己今天会成为一位新创募资简报的专家。

解析

这段话直接将主角的经历做了鲜明的对比，从程序工程师变成新创募资简报专家。让读者立即了解整体脉络，以及主角定位与特色，然后再引导读者了解他是如何成为知名简报达人的。

■ 模式四：用问题制造“悬疑”，用意外创造“惊奇”

第四个模式是为了制造好奇与悬疑。不用文字描述情境与问题，而是直接丢出问号或惊叹号，让读者好奇或是引发关心、产生疑问，想寻求解答。

让我们先回到2012年。问大家几个问题，2013年会有哪个国家退出欧元区吗？谁会赢得2013年洪都拉斯总统大选？金价会攀升至1850美元以上吗？未来8个月内，还会有多少国家出现埃博拉病毒病例？

解析

用问题开场，让读者想知道答案。

另外，我再用《风土餐桌小旅行修订版》的两个开场，来说明模式四的开场。

晚上八点，甲仙街上的商家灯火，一个一个睡去，马路一片漆黑，只有远方的甲仙大桥醒着，绽放绚丽色彩。“八八风灾”让南横公路中断，原本是南横要道的甲仙，生意也不若往昔，有人打趣说，即使睡在马路上，也不会被车撞。这个山中小城看起来很萧瑟，没太多资源。我有些担心，隔天早上可以吃些什么，只有吐司三明治吗？甲仙朋友要我别担心，附近有条早餐街。小地方还有早餐街？我半信半疑。

解析

先说明甲仙这个偏乡的脉络，并用早餐街这个让作者好奇与疑惑的地方当开场，制造一种悬疑感。

一大清早，我在台中的南屯老街被抢了。被抢走的是一个饭团。

解析

运用一个意外事件，没想到被抢的只是一个饭团，来快速带出惊讶感：这个饭团很厉害吗？怎么会被抢呢？

你是否注意到，许多开场都有画面感。将你脑中的画面移植到读者脑中，借由画面情境让他们好奇、关心与理解，进而继续看下去，是开场应该发挥的作用。

然而，作者必须消化整体内容，然后好好思索开场要如何写。《布洛克的小说学堂》提醒，开场并不是一切，随后荒腔走板，读者还是很快就会失去耐心，离你而去。

回顾与练习

这堂课教如何培养开场力，从五S原则到四个开场模式。

◢ 练习1

运用四种开场模式：将自己的文章写出四种不同的开场，并比较哪个模式最适合这篇文章。

◢ 练习2

改写自己的开场白：你读过的书里，印象最深的开场是什么内容？属于哪个模式？运用了五S哪种技巧？请尝试模仿、转换与改写成自己的开场白。

第15课

结论力
让健忘的读者留下好印象

二十多年前我刚退伍要求职，没考上最向往的《天下杂志》。一年后再次来这家杂志社面试，那次有三个人参加，除了我、一位财经杂志记者，还有一位是留美回国的新人。

面试官是发行人与总编辑，前几题都跟新闻专业有关，最后一个问题是“你最大的挫折是什么”。这个问题突如其来，让我想起两年前的往事。

当时我在屏东服预官役，曾北上找寻逾假未归的逃兵，后来被我顺利找到，他却利用在清水休息站下车休息、我跟他母亲通电话之际，转身拔腿就跑。我一路狂追，眼睁睁看他在交流道拦下出租车逃逸无踪。我后来被长官与家长责怪，这些打击让我对人性失去信心。两个月后逃兵还是被宪兵抓到，军法审判入狱服刑一年。

在场的人，几乎都瞪大眼睛听完故事。发行人神情关切地问我：“你现在怎么看待人性？”我想了一下才回答：“我还是对人性有信心，这样才能继续往前走。”

最后只有我被录取了。我不确定是否跟这个故事有关，当发行人问我问题时，激发我讲出了那句刻骨铭心的结论。

后来才发现，我当时说了一个打动人心的故事。惊心动魄的开场不足以打动人，还要加上逆转的情节、真诚有力的结论；结论要能够提供启发或打开新视野，这是作者献给读者的礼物。

《哈佛非虚构写作课》中说，结尾是你把小说的主旨钉在读者脑海中，并让它盘旋数日的最后一次机会。当你写一封情书，写一封要求加薪的信，或者写信向电话公司投诉，最后一句话的语气和内容都非常关键。

文章是为了结论而生

开场白只是吸引读者继续阅读下去的诱饵。让他好奇、疑惑、关心，一路跟着作者在文字密林中穿梭，但最后终将离开，结束这趟阅读旅程。

对读者来说，整篇文章最重要的地方，就是结尾。当读者走到密林出口，前面写什么都不重要。最重要的是，你希望读者带走什么？留下什么印象？该如何跟读者说再见，让他不虚此行？《写作法宝：非虚构写作指南》强调，在最后一句话上花费的心思，应该跟开场第一句一样多。

开场第一句话要吸引人，结语最后一句话要让人回味。甚至可以这么说，整篇文章、整本书，都是为结论而生，只是没有经过这趟阅读之旅，就无法凸显结论的力量。

对读者来说，结论最后才会读到；但对作者来说，结论在写作前就得先想好。资深财经记者沼田宪男在《写出有温度的文章》中强调，要先有深度思考，而且要透彻到想出结论才行。他认为，如果没有提出论点，就等于没有思想。他引述渡边修的至理名言："不作出结论跟没去想是一样的。"

我过去逆向练习写作时，不只拆解开场白，也会研究结论句。我发现很多文章虎头蛇尾，或是拖泥带水，或是草草结束。前者不知如何收尾，一直堆砌结论，重复绕圈圈；后者是文章似乎还没讲完，没有明确具体的结论。

解决拖泥带水与草草结束的结论问题，就是赶快用一段话、一个句子来总括整篇文章的重点。最后以一个贴切或令人意想不到的句子结束，让读者措手不及。《写作法宝：非虚构写作指南》认为，惊喜是最令人耳目一新的元素，如果有什么事情让你感到惊喜，那也一定会让你的读者感到惊喜或喜悦——尤其在你的故事即将结束，就要跟他们告别之际。

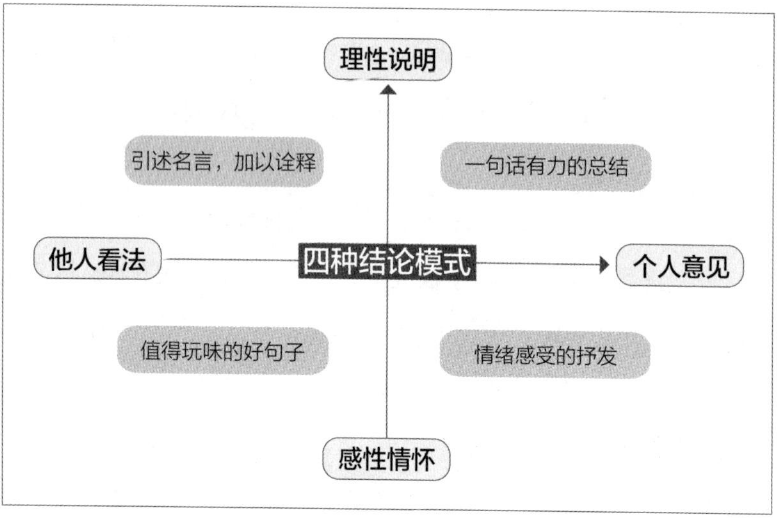

图15-1　四种结论模式

四种结论，强力结尾

如何运用惊喜元素，在高潮之际完美谢幕？我根据自己的经验，整理出了四种结论模式。

结论模式有两种角度，一是表达主观的个人意见，二是引用客观的他人看法。

主观的个人意见，可再分为理性与感性两种模式。

引用他人看法，在于传达客观立场而非自己的主观想法，用以强化文章的说服力或拉高格局，也可分为理性与感性两种模式。

■ 模式一：一句话有力的总结

一句有力的结语，需要前面一两段的铺陈，或是用一段归纳文章重点，才能在最后用一句话或是一段话创造惊奇效果。

范例一：

搭乘这班成功号云霄飞车奔赴未来之路时，必定有许多转弯，你要紧闭双眼一路冲到底，还是睁大眼睛、放开双手，享受刺激的乐趣，一路发现隐藏的美丽事物？

请系好安全带，本书中的六种创造机会效应的能力，就是你的安全带。（《机会效应》）

解析

先用云霄飞车当比喻，谈未来的惊险刺激，最后一段立刻联结云霄飞车的安全带，就是书上提出的六个创造机会效应的方法。

范例二：

本书主张，逆风才有机会，才能抓到意料之外的宝物，但逆势而为要有方法，我归纳出了六个方法——刻意制造混乱、误打误撞找到意外发现、多元人脉、正面看待绝境、不断自我颠覆，以及通过适当分心培养洞察机会的能力。

带上这本书，祝你一路逆风。(《机会效应》)

解析

先铺陈逆风才有机会，最后结论就写出反向思考的“祝你一路逆风”。

范例三：

即使这群长辈在丰饶的池上已定居好几代，仍没忘记岛屿南方的老家，他们曾返回恒春旧部落寻根。家乡还有族人居住，但已不太会说阿美族的语言，而是讲流利的排湾语跟闽南语，因为已被强势族群同化，找不回自己的母语了。一位躺在床上的年长族人不断流泪，喃喃诉说残留的回忆。

突然发觉，眼前缤纷热闹的阿美族餐桌，就是一道道池上的山川风土。他们震撼的歌舞，让人联想到当年带着孤绝毅力的先祖，牵着老父老母，背着孩子，一路寻寻觅觅，抵达池上之后内心涌现的欢呼喜悦。

背离了大海，却遇到永远的梦土。(《时光的甬道》)

解析

先写出从屏东满州迁徙到台东池上的阿美族的过去，再描写阿美族的池上风土餐桌，以及承继自满州的歌舞，最后再用大海与梦土总结，将恒春半岛满州的海与花东纵谷内陆的池上联系到一起。

■　模式二：情绪感受的抒发

当结论想传达作者的心情，让人有共鸣，字句就不宜过长，最好是用简短的一句话、一段话来收束。不让情绪泛滥，点到为止反而更有韵味。

范例一：

山居岁月平淡自在，钟妈妈说，早上浇水种菜，烦的时候就出去吹吹风，日子过得很快乐。

什么时候再去找钟妈妈一起吹吹风？(《时光的甬道》)

解析

钟妈妈自在地吹吹风，是个传达山居岁月的伏笔，结尾就应用吹吹风的意涵，埋下作者想去找钟妈妈的悬念。

范例二：

女儿参加台球校队的时间并不长，一开始的比赛总被外校对手痛击，我在现场非常紧张，都是抱抱她，要她记住失败的原因，勤加练习。女儿总是一早出门练球，放学后继续练习。教练不苟言笑，严格督促，孩子们总是战战兢兢。

何时才能旗开得胜呢？实在不确定。在北区少年台球精英赛中，女儿竟然连胜两个同年级的对手（过去常对上高年级），她表现得很沉稳，回击得分时，更是兴奋地振臂高喊。比赛结束后，我抱着她激动地流下眼泪。女儿没哭，反而是老爸哭了。

我会永远记住那一刻。(《走自己的路，做有故事的人》)

解析

前两段提到女儿比赛的失败与练习，以及不知何时能获胜，当终于获胜的那一刻，情绪从低谷拉到高潮。结语只用一句话来回应倒数第二段的最后一句，反而更有张力。

■ 模式三：引述名言，加以诠释

一般作文常用名言、俗语、成语来当结论，要想不落俗套，引用的句子最好是自己消化吸收的佳句，不要都是太常见的句子。另外，不要只是引用，还要延伸诠释，呈现个人独特的看法。

范例一：

伊索寓言也有个故事，一个人吹嘘他在罗陀斯岛有极高的跳远能力，只要找到罗陀斯岛的人就能证明，旁人说，“这里就是罗陀斯，你就在这里跳吧！”后来德国哲学家黑格尔巧妙改写出：“这里就有玫瑰花，就在这里跳舞吧！”每个人既然跳脱不出身处的世界，就要好好把握当下，尽情跳舞。

绝境就是玫瑰花，就在这里跳舞吧！(《机会效应》)

解析

这篇文章诉求的主题是绝境会刺激创造力，因此引用黑格尔的名言，再将玫瑰花置换成绝境，鼓励大家在绝境中跳舞，接受绝境的考验。

范例二：

我借用美国小说家弗兰纳里·奥康纳的短篇小说《上升的一切必将汇合》的名称，象征未来向上提升的整合力量（虽然这是一篇有点惊悚怪诞的小说）。

想起在开卷颁奖的现场，得奖的出版编辑引用作家王定国《谁在暗中眨眼睛》后记中的内容：“一无所求的追寻，才发现它含有至高无上的价值。”当时我握着沉甸甸的开卷奖杯，顿感莫名的激动，也领悟到，一无所求的追寻，就是故事最终的价值。

我走过一条林中路，带回一些故事，勉励自己，也分享给更多人。现在，我再度走入另一条林中路，展开新的故事旅程。只是，这次有不同团队参与，不再是我孤单一人。

上升的一切必将汇合，期待我们能找到至高无上的价值。(《走自己的路，做有故事的人》)

解析

这篇引用两句名言，联结到自己的领悟，结语再将这两句名言拆解与重组，变成自己的话语自我勉励，同时也鼓励读者。

■ 模式四：值得玩味的好句子

除了理性的有力结论、感性个人抒发以及引述名言之外，有时对他人做出评语，可以运用一些文字巧思，让结论别具特色。

范例一：

这些家常菜，都是美莲姐从小到大的家常菜，即使离开往昔的河谷地，来到崭新的房子，小林滋味还是不变。她以前在小林山上种了几十甲地的竹笋，清晨出门，一直工作到晚上才回家，一天得采收两千斤的竹笋。搬到五里埔之后，没有土地，只好租一甲地，种芭乐、百香果和鸡角刺。

满山的笋，没了，家，没了，但美莲还有小小的新家与家人，在

这块小田地上，再一棵一棵种回自信。(《时光的甬道》)

解析

这篇描写甲仙小林村居民的重生。先用一段谈美莲生活的改变，最后一段试图传达未来的希望，先写过去全没了，再写种回自信、长出希望，字句短而有力。

范例二：

太多如果，太多可能擦肩而过的机会，在几次关键时刻，他都一一抓住了。

这一连串的点点滴滴，丰富了他的人生，成为画作的底蕴。

“优席夫这个名字在阿美族语代表什么意思？”我问道。

“带来丰盛的意思，还有反败为胜的意涵。”现在，他真得成为名副其实的优席夫了。(《机会效应》)

解析

优席夫是国际知名的阿美族艺术家，过去一直跌跌撞撞，最后才找到自己的艺术特色与自信。我询问他名字的意思，知道了是反败为胜的意涵，顿时发现这就是最好的结语，于是将“优席夫”这三个字放在了结语最后一句。在采访过程中，要多动脑想想哪句话、哪个场景画面的意涵，可以当带来意外惊喜的结语。

最强结论力：首尾呼应

最后，还有最需要精心安排的第五种结论模式，就是首尾相连、开场与结尾相互呼应的结论。我认为这是最让读者惊喜、最强有力的结论模式。《写作法宝：非虚构写作指南》指出，这种结论是将故事带回原点，在结尾呼应文章一开始敲响的音符，它具有一种对称感，能取悦读者、产生共鸣，并结束这段作者与读者一起开始的旅行。

范例一：

开场：

“我是关关难过关关过的阿娟（“娟”的闽南语念ㄍㄨㄢ，发音为guān）。”这是我在全家便利店绩优店长教育训练工作坊，听到的最有趣的自我介绍。戴着眼镜，看起来像一位老师的冈山店长许瑞娟，告诉我她为什么遇到难关总能化险为夷。

结语：

现在阿娟不只渡过难关，还开了七家店，对面的竞争者，早就关门大吉了。

奋勇逆转的阿娟，竟成为别人的难关了。(《机会效应》)

解析

开场提到阿娟的难关，结语前一段铺陈阿娟渡过难关，还让对手关店的现况，结语就用一句话点出阿娟成为别人的难关。难关当开场，也当结语。

我在写开场白时，就在思考结论是写她闯关成功，店越开越多，但要如何让结语很有趣并且首尾相连？最后我发现“难关”这个关键词可以贯穿首尾。

范例二：

开场：

“各位晚安，我是震宇”，我对现场三百多位听众说，“但我不是周震宇，我是洪震宇，周震宇老师因为堵车要晚五分钟到。”听众哄堂大笑。

我是声音表达专家周震宇这场演讲的主持人，他迟到了，我得先上台暖场，介绍讲者。我跟听众分享两位震宇如何相识的故事，过程中还模仿他的声音，逗得大家哈哈大笑，让现场气氛变得轻松活泼。

几分钟后周震宇赶到现场，一上台，浑厚磁性的嗓音传遍全场，吸引了大家的目光。他朗诵《枫桥夜泊》的诗句“月落乌啼霜满天”，让大家理解声音与文字的联结，“月亮是高的，霜是飘的，如何用声音呈现画面呢？”

结语：

如果那天不是这么巧合地坐在一起，也不会引发后续这么多变化。

当我说完这个故事，周震宇就出现在演讲现场，这是我们第一次同台演讲，狐狸与刺猬的登场。(《机会效应》)

解析

我以帮周震宇暖场的故事当文章开场，并分享两人相识的小故事。文章主题是讨论狐狸与刺猬，分心探索跟专心守一的差异，并分析如何运用狐狸的好奇探索，开拓职场新机会，同时写了别的采访故事当佐证。

最后结语又回到原点。我讲两人的相识故事，以及第一次同台演讲，再次强调狐狸与刺猬的主题。

只要让读者记得你的第一句话，以及最后一句话，就等于记住了全部。

回顾与练习

这堂课教如何写好结论，一共有四种结论模式。

◢ **练习1**

初阶练习：请你想一想文章的结论方向，并尝试选择其中一种模式，练习写出自己的结论。

◢ **练习2**

进阶练习：写出首尾相连的结论模式。可先改写开场，再想办法将结论扣连到开场。

第三章

精准写作的应用

第 16 课

人物采访篇
观察与提问让表达更全面

我做了12年的记者（包括5年的副总编辑），离开媒体后，一直不确定自己除了采访写作之外是否还有其他专长，未来的人生还能创造什么变化。

离开媒体之后的这10年，我同时从事各种跨领域工作，刻意学习与累积解决问题的经验与能力，包括辅导顾问、旅行设计、演讲与教学等工作，深深体认到记者的采访写作能力，让我的实务经验与学习曲线如同滚雪球般快速且深入。

比如，当我需要深入了解各个企业、各个乡镇社区的问题与需求，提问与观察就能帮我找到潜在的真正问题，进一步提出更好的解决方案。长期训练的写作技巧，让我的思考更缜密，沟通时兼及营销策略与影响力。

因此，我在设计企业培训的课程内容，与各种主题课程（包括故事力、提问力、精准表达力以及写作课）的公开班时，都会让学员练习采访写作。我要学员练习采访写作，目的不是要他们成为记者，而是希望大家在观察、提问、倾听与整理重点的练习中，像记者那样思考，摆脱同温层效应[①]以及知识诅咒的影响。

像记者那样思考

记者工作的重点，是把事情的来龙去脉弄清楚，要能勇敢提问，更要组织零散的信息，赋予意义，同时找出切入角度与观点，用他人

① 同温层效应是指，我们比较重视跟我们的假设或信念一致的事例。——编者注

理解的文字简单明了地说明清楚。

像记者那样思考，就是放下自己的主观角度，重新去了解他人，通过观察与提问，更深入了解事物全貌。

工作者了解顾客需求，才能找出创新提案或改善之道。练习采访写作，就是有效益的方法，如果能将顾客的故事、需求与问题写成一篇文章，也是一种好的顾客需求分析与报告。

采访写作个案篇

接下来，我将以写作课一位学员的采访写作文章，当作个案应用与分析，帮助读者了解一篇文章如何运用主题力、金字塔结构（观点力、重点力与情节力）、开场力、结论力、标题力与鱼骨写作法。

ROA：读者（R）：是想多了解与学习营销、业务、顾客服务专业能力的人。目的（O）：希望通过这篇文章增加读者对生活周遭人、事、物的好奇心，学习出租车司机定哥的观察力、记忆力和积极上进的态度。行动（A）：希望读者可以分享作者的文章、追踪作者，也能跟出租车司机多交流，发现司机独特的能力与故事。

主题力：学员采访他经常搭乘的出租车司机定哥。访谈内容从定哥过去的餐饮经验、房产中介到现在的出租车，由于定哥目前以开出租车为主业，他擅长把生客变成熟客，这跟过去其他工作的关联不大。我建议聚焦在目前的出租车工作，因为出租车竞争很激烈，但是定哥能够脱颖而出，一定有独到之处，主题定位就建议在稀有/新奇这个象限模式，以此吸引读者的注意。

精准写作 · 定位策略流程图

如何将生生客变熟客

ROA	读者（R）➤ 目的（O）➤ 行动（A） 想学习营销、业务、顾客服务专业能力的人 ➤ 通过文章增加读者对人、事、物的好奇心，学习出租车司机的态度 ➤ 希望读者转发分享，追踪、发掘出租车司机独特的人生故事
主题力	将主题定位在稀有/新奇模式 ➤ 吸引读者的注意
观点力	运用观点力第三类型“如何建立美好的顾客关系” ➤ 积极建立良好的顾客关系 ➤ 创造自己的独特价值
结构力	将时间轴改成空间轴 ➤ 找出顾客出没的热点、制造熟悉感、运用观察力开发新客
情节力	针对以上三个重点 ➤ 写出对应的例子
开场力	运用一个问号当开场 ➤ 吸引读者好奇
结论力	运用一句话 ➤ 强而有力的总结
标题力	直白观点的标题 ➤ 改成提问式标题 ➤ 引发读者好奇 “生客变熟客：老司机经营之道” ➤ “如何让顾客源源不绝？” ➤ “出租车司机不告诉你的经营秘密”

观点力：可以运用观点力第三种类型，讨论如何建立美好的顾客关系。观点是积极建立良好的顾客关系，在竞争激烈的出租车行业中，创造自己的独特价值。

结构力：学员报告定哥的故事，是从时间轴开始进行，但文章太冗长。如果将时间轴改成空间轴，不谈太多过去的经验，只聚焦他如何将生客变常客的方法，这是许多上班族需要学习的业务能力以及顾客服务的能力，这样才会跟读者有联结，让读者有所启发与学习。因此，支撑结构的三个重点是找出顾客经常出没的热点、制造顾客对定哥的熟悉感，以及运用观察力开发新客人。

情节力：搭配这三个重点，写出符合重点的例子与细节。

开场力：用一个问号当开场，吸引读者好奇。

结论力：用一句话作强有力的总结。

标题力：最后需要写一个吸引人又能传达观点的标题。原本是直白观点式的标题，我建议改成提问式、让读者好奇的标题，否则出租车司机的故事与特色不一定会吸引一般读者。

学员版

生客变熟客：老司机经营之道①

找到适合自己的位置，细水长流地走下去。

——安倍夜郎，《深夜闲话》

你知道吗？根据统计，一个台北市出租车司机，一天开车10小时下来，有多少时间是处于空车状态？

3个小时。②

一位司机朋友定哥说自己每天最多空车2小时。而且开车10年，空车不超过5天。③

他是怎么做到的？

注解

①“生客变熟客：老司机经营之道”，生客变熟客是对比句子，能吸引人注意。但建议加一个介词“把”，“把”生客变熟客，会比较有力量。另外，老司机是熟门熟路的意思，但是读者不知道是讲出租车司机，建议换大标题。

② 这句没有写出数据来源，说服力不足，需要补充数据来源。

③ 这段话意思不清，需要将空车不超过5天的意思说清楚。

开车先从整理大数据、规划热点开始①

现在看定哥载客，感觉像行云流水一样简单。不过定哥从没跟人提过的是，刚开始开车，他花了一个多月的时间就只做一件事。

跑完每趟车，不是忙着张望，搜寻附近有没有下一单生意，而是拿出笔记本，详细记录载过的每个客人、乘车时间、上车地点等信息。

这样不是很花时间吗？这么大费周章值得吗？只见定哥缓缓道出背后的用意。②

“我用最笨的方式做记录，乍看之下很没效率又没钱赚，但我一点都不在意。因为我很清楚，我要做就会很勤快，熟悉度是早晚的问题。我不断摸索如何在这个行业做到高手。”

记录了大概一个多月后，定哥就会趁车子开到哪里，看看手表，接着翻开笔记，找有没有在这个路口等到客人的记录。若有，定哥就会花点时间等待，顺便再验证以往的资料。

“因为做生意，都希望有固定客、回头客。记录一个月下来，不是固定客的，我就先删掉。剩下来的固定客，我就要赶在时间点到定位。这样跑下来，我归纳发现，林森北路周边晚上七点半到九点，大部分乘客都是赶着上班的。”

“尤其下雨天生意会更好！而且乘车人住的地方固定，走出来的巷口也都是固定的。这下子就只差我的车有没有办法准时出现在那里，就是时机问题。”

注解

①“开车先从整理大数据、规划热点开始”，小标题需要再增加强烈对比。

②“这样不是很花时间吗？这么大费周章值得吗？只见定哥缓缓道出背后的用意。”这段删除不影响后面的文意，舍去后文章会比较精简。

制造熟悉感，让乘客轻松又享受①

“像我固定时间去等客人，客人一上车，看到我就说，‘哎呀，怎么这么巧？刚好又是你！’第二天、第三天，慢慢就变成我的固定客。”②

坐上车就能感受到定哥欢迎的热情，但很自然也很有分寸。他脑海里似乎早就拥有好几套剧本，丢个一两句话看看客人如何回应，再决定怎么继续搭话。

借着开车载客，定哥训练出了超强的记性：比如这趟车跑的点特别远，或是搭车的时间很特别，或是当天聊了什么特殊的话题，这些都很容易记下来。然而，定哥还有更厉害的一招。遇到好像曾经载过、有点面熟的客人，定哥的脑袋，就马上开始启动了。

先丢几句简单的问候，测试一下客人的心情与反应。借着搭话定哥很快就能搜寻到记忆库，把上次载客人的信息下载下来，继续创造延续性的话题或情境。③

“人际互动中的观察，对我来讲很自然，就是习惯。我比较热情、乐观，人家还没开口，我就知道他需要什么。我觉得人为人服务，就是一种需要，我们知道他有这个需求，那我们能做到。”④

注解

①“制造熟悉感，让乘客轻松又享受”，轻松又享受的意思，不太符合这个区块重点想传达的意思。

②“像我固定时间去等客人……慢慢就变成我的固定客”，这段前面要有一个鱼头句，抓出整段重点，让读者知道这里是新的重点，是关于制造让乘客放心的熟悉感，这样才能与上一区块重点区分开。

③“坐上车……继续创造延续性的话题或情境”，这三段意思有些凌乱，需要重新整理。文句精简扼要，读者才容易掌握重点。

④“人际互动中的观察……那我们能做到”，这段意思有重复，最好补充其他引述的话，并强化这个区块重点的结论。

锻炼观察力，精准预测生意上门①

聊着聊着，定哥突然露了手看家本领，说骑楼有动静。

“这对情侣，待会儿要坐车。”果不其然。小两口前一刻还在卿卿我我，看到好像有空车，便快步走了出来招手。

是看到了什么迹象吗？怎么预测得到他们的动作！②

“看客人过马路，看他肢体语言，他还没招手，我就知道他要坐车。两手提满东西的客人，他没有手招车，我是不是可以停下来，给自己也给客人一个机会？就这样慢慢累积经验。你说刻意训练吗？也没有，我就是很喜欢观察人的动作跟神态。”

路上的客人有什么需求，会有什么动作，定哥都训练自己，在第一时间内就要作出回应，猜对猜错都乐此不疲。观察久了，常看常猜，就能提升准确度。定哥说，现在猜10个可以中8到9个。

“开车路上，远远看见客人，这时候就要先观察。接近一段距离后，观察客人的动作。最后是车子开更近时客人出手拦车的反应，久了，我就学到未卜先知。”③

注解

①“锻炼观察力，精准预测生意上门”，“预测生意上门”的意思不够精准，要换其他句子。

②“聊着聊着……怎么预测得到他们的动作！”以上这几段比较紧凑，需要用一个鱼头句，来提纲挈领说明这段重点，并说明原因，否则会不知道为什么要提到锻炼观察力。

③“开车路上……我就学到未卜先知”，这段跟前面的意思重复，可以删除。

聊天的时候，定哥手机常常显示新信息。定哥每次回话完、手机输入完后，就连声说不好意思。“几乎都是客人打来预约的。虽然每一趟路程，长短不是我能决定的，但我绝对会把握住每次机会，让客人下次坐车就知道先打给我。”①

定哥懂得经营熟客，也不忘开发生客。定哥开发生客，并不是消极寻寻觅觅大海捞针。他会看天气和当下的时段，附近有没有已经开发的热点等条件，积极寻找想搭车的客人。

台北市每天有3万个司机在开出租车，但是定哥积极把握每次载客的机会，努力把生客经营成熟客，创造出了属于他自己的定位。②

茫茫人海，若有机会搭上定哥的出租车，一次偶遇往往就变成细水长流。

注解

①“聊天的时候……就知道先打给我”，这段放在重点二的结尾，能强化观点。

②“台北市每天……创造出了属于他自己的定位”，这里可以用一段话把三个重点简要重复一次，以便铺陈最后一段精简的结论。

修正版

如何让顾客源源不绝？出租车司机不告诉你的经营秘密

找到适合自己的位置，细水长流地走下去。

——安倍夜郎，《深夜闲话》

你知道吗？根据统计，一个台北市出租车司机，一天开车10小时下来，有多少时间是处于空车状态？

根据交通部统计处出租车营运状况调查报告，平均大约是3个小时。

长期接送我的司机定哥说，开车10年来，他每天的空车状态大部分都在1小时以内，空车2小时的状态不超过5天，几乎没有浪费时间与油钱。

这个惊人的成绩是怎么做到的？

用"如何"这两个字，让读者知道本文在谈方法，而且谈的是让顾客源源不绝的方法。"源源不绝"这个词的吸引力，会比原始版本"生客变熟客"更强烈。出租车司机比原本老司机清楚，加上"'不'告诉你的经营秘密"，会增加读者的好奇心

强调惊人的成绩，加重语气，增强读者的好奇心

补充了定哥的说法，让意思更精准

补充了数据来源，才具有公信力

不急着找客人，要先找热点

现在看定哥载客，感觉像行云流水一样简单。不过定哥从没跟人提过，刚开始开车，他花了一个多月的时间，就只做一件跟跑车无关的事。

跑完每趟车，他不是忙着张望搜寻附近有没有下一单生意，而是拿出笔记本，详细记录载过的每个客人、乘车时间、上车地点等信息。“我用最笨的方式做记录，乍看之下很没效率又没钱赚，但我一点都不在意。因为我很清楚，我要做就会很勤快，熟悉度是早晚的问题。我不断摸索如何在这个行业成为高手。”

记录了大概一个多月后，定哥就会趁车子开到哪里看看手表，接着翻开笔记，找有没有在这个路口等到客人的记录。如果有，他就会花点时间等一等，顺便再验证以往的资料。

“因为做生意，都希望有固定客与回头客。记录一个月下来，不是固定客的，我就先删掉。剩下来的固定客，我就要赶在时间点到定位。我归纳发现，林森北路周边晚上七点半到九点，大部分乘客都是赶着上班的。”

“尤其下雨天生意会更好！而且乘车人住的地方固定，走出来的巷口也都是固定的。这下子就只差我的车有没有办法准时出现在那里，就是时机问题。”他说。

增加强烈对比感，说明找热点比找客人重要

制造熟悉感，让乘客放心

定哥利用固定时间去等客人，制造意外的巧合，增加熟悉感。客人一上车，看到他就说，“哎呀，怎么这么巧？刚好又是你！”就这样累积几天之后，慢慢就变成他的常客了。

制造巧合之后，接下来是如何产生共同话题。定哥的记性很好，比如这趟车跑的点特别远，或是搭车的时间很特别，甚至当天聊了什么特殊的话题，他都会记下来。这些让他的脑海里形成了好几套剧本。

有时他会先丢个一两句话来测试客人的反应，再决定怎么继续搭话。如果载到有点面熟的客人，他会先用几句简单的问候，测试一下客人的心情与反应，再借着搭话，快速搜寻记忆库，延续上次的话题。

这样刻意地建立熟悉感，让他不断将生客变成常客。我跟定哥聊天的时候，他的手机常常有客人打来，或是显示新信息，他每次回话完、传完信息后，就连声对我说不好意思。“几乎都是客人打来预约。虽然每一趟路程，长短不是我能决定的，但我绝对会把握住每次机会，让客人下次坐车就知道先打给我。”

运用鱼头句强化新的重点，提醒读者这里开始谈让乘客放心的熟悉感

用鱼头句强化这个区块重点

“放心”比原本的“轻松又享受”来得清楚，因为安全感才是乘客最在意的

将原本倒数第四段移到这里，比较符合这个重点的意思

锻炼观察力，精准预测顾客需求

他持续经营老顾客，也努力开发新客群。聊着聊着，定哥突然露了手看家本领，说骑楼有动静。“这对情侣，待会儿要坐车。”果不其然，小两口前一刻还在卿卿我我，看到好像有空车，便快步走了出来招手。

“看客人过马路，看他肢体语言，还没招手，我就知道他要坐车。两手提满东西的客人，他没有手招车，我是不是可以停下来，给自己也给客人一个机会？就这样慢慢累积经验。你说刻意训练吗？也没有，我就是很喜欢观察人的动作跟神态。”

路上的客人有什么需求，会有什么动作，定哥都训练自己，在第一时间内就要作出回应，猜对猜错都乐此不疲。观察久了，敏感度增强了，就能提升准确度，现在猜10个可以中8到9个。

台北市每天有3万个司机在开出租车，竞争很激烈。但是定哥积极把握每次载客的机会，先找出热点，并努力把生客经营成熟客，还通过观察力持续开发新客人，创造出了属于自己的价值，更让生意源源不绝。

强化三个重点：先找热点，把生客变成熟客，运用观察力开发新客人

先用鱼头句强化这个重点的意思

“顾客需求”比原本的“生意上门”清楚

茫茫人海，若有机会搭上定哥的出租车，一次偶遇可能就变成细水长流。没想到搭出租车也能学到顾客经营之道。

加入最后一句话，增加跟读者的联结

从学员版到修正版，是一个拆解与强化的过程，也让大家了解到一篇采访写作的稿子必须经过不断的提问、精简与修正。当你完成第一版的稿子，不要以为已经是最后定稿，你还需要站在读者的立场思考，仔细推敲与调整。尽管如此，每篇文字都还是要先写出来，这样才有机会进行修正，变得精准好看。

回顾与练习

这堂课说明采访写作的观察与提问，通过学员版跟修正版的分析与比较，读者可以了解一篇采访写作的文章，从主题设定，一直到结论、标题的写作流程，进而实操。

◢ 练习

采访撰稿：运用这堂课完整的流程，写出一篇采访文章。建议采访的对象是你感兴趣、觉得他很有想法、能够充分发挥专业的人物，整理出采访稿之后，开始构思金字塔结构，并写成1000字左右的文章。

第 17 课

个人介绍篇
呈现专业的精准写作

你有表达自己专业的困难吗？介绍自己熟悉的产品、服务或专业特色时，常常无法让他人快速理解，产生好印象；或是不知道该如何用读者理解的文字，来阐述、介绍自己的专业？

上一堂课我们谈到学习像记者那样思考，通过采访来增加换位思考、了解他人观点的能力。但是当我们谈到自己的专业时，往往不自觉就会陷入自己熟悉的方式，写了太多艰深的专有名词与细节，反而让不熟悉的读者很难理解。

学习像外行人那样思考

我们需要学习像外行人那样思考。外行人的思考，不是搞不清楚状况、不了解他人感受，而是通过好奇的提问，有技巧地旁敲侧击，甚至打破砂锅问到底，厘清脉络。另外，要有同理心，站在他人的立场，通过询问与感受，捕捉各种细节，了解对方的需求与感受，进一步思考如何满足对方的期待。

写作也是如此。若要跟不了解自己专业的人（例如一般大众、客户或其他部门的同事）沟通，就需要跳出自己的角度，转换成外行人的角度来看自己的专业，思考要如何以清楚、简单、易理解的写作方式，来呈现复杂的专业。

个人介绍个案篇

我以写作课学员撰写个人专业的文章，当作个案分析。帮助读者了解在撰写自己的专业时，应该如何运用主题力、金字塔结构、开场

精准写作 · 定位策略流程图

如何呈现葡萄酒专业知识

	读者（R）	目的（O）	行动（A）
ROA	不了解葡萄酒但对葡萄酒有兴趣的人	通过文章增加读者对葡萄酒的了解	希望读者点赞、阅读，促进葡萄酒知识交流

主题力：将主题定位在“熟悉与稀有”模式 ➤ 广泛多样的红酒，也有学习新视角

观点力：运用观点力“挑战既有的想法” ➤ 通过三瓶酒聚焦学到的三堂课 ➤ 引人好奇酒的特色及作者的小故事

结构力：支撑结构的三重点 ➤ 三瓶不同风味与特质的酒

情节力：凸显三瓶酒 ➤ 各自的特色、风味、产地与感受

开场力：运用一个情境的联结 ➤ 跟读者产生关联

结论力：作者个人情绪的抒发 ➤ 传达对红酒的感受与领悟

	平淡无力的标题	一句话点题	引发读者好奇
标题力	“来自葡萄酒的反思”	“葡萄酒不只是酒，葡萄酒教我的三堂课”	暗示文章内有惊喜

力、结论力与标题力以及鱼骨写作法。

这位学员担任葡萄酒贸易商的客服人员，负责线上线下解答客人品酒疑问与产品介绍的事情。她想通过写作呈现自己的专业，却不知该如何切入。文章的原始版本采用直白观点式的标题，没有写出重点，太平淡了，无法跟读者产生联结。

学员版

> 来自葡萄酒的反思①
>
> “这葡萄酒怎么这么难喝啊！”“对啊，酸酸涩涩的，不顺口。”隔壁亲戚讨论着圆桌上的葡萄酒，一脸嫌弃地放下酒杯。
>
> 看着这杯紫色液体，我也从没想过自己会踏入葡萄酒行业，更没想到学习的过程带给我这么多的反思。②

注解

① 标题是“来自葡萄酒的反思”，需要有一句话来传达葡萄酒带来的反思，否则很平淡、不够有力量，跟读者也没有联结。

② “我从没想过……更没想到学习的过程带给我这么多的反思”，这里需要补充原本的专业，以及想换工作的原因，这样读者才能有理解的脉络。

训练一下逻辑　葡萄酒的本质①

几年没有当学生了，开始佩服以前的自己居然能背那么多东西。②白葡萄品种、红葡萄品种、香槟用的品种、产区的名字、各种天气对于葡萄的影响、有没有河、有没有山、有没有靠着海边、适合的纬度在几度，这些东西都在我们的脑子里搅成乱麻。

注解

①“训练一下逻辑 葡萄酒的本质”，这个小标题太抽象，无法让人一眼看懂。

②“几年没有当学生了，开始佩服以前的自己居然能背那么多东西”，这句鱼头句无法传达整段的意思，需要改写。

眼前，老师给了一杯来自昆斯特乐酒庄的丽丝玲白酒，要我们推测它的风味。

大家一脸呆滞，看着亮晃晃的酒杯、清澈的葡萄酒，再看着酒瓶上的酒标，没有人能说个所以然。这酒来自德国一个很有名的酒庄，但没喝过怎么知道味道？

老师提了一个问题：“你们知道葡萄是一种水果吗？”

> 葡萄是一种水果，所以用吃水果的常识来理解是最容易的。冷的地方，很难熟、比较酸、会有一点草味；炎热的地方，易熟、酸度低、甜度高，可以酿出果味丰富的酒。
>
> 干净的柑橘，明显的酸度，带点蔬菜叶子的香气。就像没熟透的桃子，有一些酸，如果是我吃到这颗桃子，一定会说这是比较凉的地方种出来的。①
>
> 这些逻辑我们在吃水果时都知道，为什么到了葡萄酒就无法联想？②

注解

①“葡萄是一种水果，所以用吃水果的常识来理解是最容易的。……一定会说这是比较凉的地方种出来的”，以上两段是在传达水果的风土特色，需要再补充一些内容，让整段意思更清楚。

②“这些逻辑我们在吃水果时都知道，为什么到了葡萄酒就无法联想？”这段话太口语化，需要修饰，否则意思不好懂。

> 葡萄酒总是给人距离感。有高价格、穿西装的侍酒师、法国餐厅、高脚杯这些印象，但说到底不过就是一种水果酿的酒。
>
> 有多少情况我们被这些外在的包装所影响？LV包包说到

底，就是一个袋子，装东西用的；貂毛大衣说到底，就是一件衣服，保暖用的。①

我们时常忘了东西的本质，只用光鲜亮丽的外在、价格去衡量，沉溺在比较的漩涡中。②

注解

①“有多少情况我们被这些外在的包装所影响？……就是一件衣服，保暖用的”，这一段文字太口语化，需要修饰，让文意更清楚好懂。

②“我们时常忘了东西的本质，只用光鲜亮丽的外在、价格在衡量，沉溺在比较的漩涡中”，这里需要强调第一课学到什么，整理重点提醒读者。

可以主观但不可以有偏见　雪莉酒给我上的一课①

喜好是非常主观的一件事，我就非常讨厌雪莉酒的味道。

很多人听过雪莉桶威士忌，但很少人知道雪莉酒是葡萄酒的一种。其中一种做法，是将酒酿好之后，让表面长出酵母，减少接触空气被氧化的状况，增加雪莉酒特有的风味。

就是这种特殊的香气让我非常排斥。②第一次喝到卢士涛酒庄的普埃尔托菲诺雪莉酒，只能用惊恐来形容，有海边鱼市场的味道，喝起来还咸咸的，这东西到底哪里好喝？

注解

①“可以主观但不可以有偏见 雪莉酒给我上的一课”，小标题需要再精炼。

②“就是这种特殊的香气让我非常排斥”，鱼头句通常要主动有力，这句话却比较被动，不如改成“我非常排斥”这种特殊香气，这样文句会更精简有力。

在课堂上我不想喝眼前的雪莉酒，但其他同学都喝了，还是意思意思一下吧。

完全不一样的味道，不一样的风味，是我非常喜爱的葡萄干甜甜的香气。①这次老师给我们的是PX雪莉酒，先将葡萄酒曝晒浓缩，达到高甜度的甜点酒。完全不同的做法，只是有着一样的名字。

因为不了解，所以排斥、有偏见，这不就是我们常犯的错误吗？②就像各式各样的歧视。从种族、职业、性别、财富……因为有刻板印象，人们对外籍劳工露出厌恶的表情；

因为不了解，社会对于第三性别、同性恋，甚至左撇子都有刻板印象。这样，真的公平吗？

注解

①“完全不一样的味道……是我非常喜爱的葡萄干甜甜的香气”，鱼头句需要表达更令人惊讶的感受，目前的写法比较平淡，没有让读者产生惊讶的感受。

②“因为不了解，所以排斥、有偏见，这不就是我们常犯的错误吗？”开头要有一句鱼头句凸显自己的反省，否则写出“因为不了解……”，逻辑上会跳太快，跟前一段没有衔接感。

百闻不如一见，来自波尔多佳酿的感动①

在一次机缘下，与爸妈一同去露营，爸爸的朋友知道我正在学习葡萄酒，因此特意带来一款让我尝尝。②

一看到酒标，认出是波尔多二级酒庄、杜库布卡一军红酒，眼睛马上亮了起来，波尔多二级酒庄，2009年的波尔多年份上好，一瓶要价上万元，真的不是随便就喝得到。

在喝下去前，我对这瓶酒的了解，仅止于那些广告文字及课本上的介绍。

> 波尔多产区分级制度有五级，这个酒庄仅次于最有名的一级酒庄五大堡，是受到规范认可的酒庄。2009年是近年来最好的年份之一，天气及采收都在最佳状况；波尔多的酒款基本上都需要时间陈放，已经放了9年应该相当合适，而且国际酒评家也认为这款酒正值最佳试饮期。

注解

①"百闻不如一见，来自波尔多佳酿的感动"，这个小标题缺乏有力量的情绪，需要再修饰。

②"在一次机缘下……因此特意带来一款让我尝尝"，需要在这段之前新增一段文字或在小标题中加入提示，让读者知道这段要写第三瓶酒，否则上一段跟这一段没有衔接，会让读者有突兀感。

> 在露营地，没有专业的酒杯、没有完美的温度、没有完整的醒酒过程，但喝下去的那一刻，突然了解了好多东西。
>
> 再多的文字，都不如这一口酒。细致如丝绸的口感，清新淡雅的莓果香气，其中再带出玫瑰花香，有厚度却没有负担，一切就是这么刚刚好。
>
> 就像第一次登上百岳看到的美景，那是无法用照片和文字形容的感动。①

希望自己不是只会用华丽词藻、虚无空泛的文字，而是能真正分享自己的实际感受，让大家了解到葡萄酒的好，不要成为只是讲着一口好酒的人。②

拿起圆桌上的酒杯，真的不太好喝。

不过我欣然接受这就是一款红酒，就像第一次认识的朋友。

注解

①“就像第一次登上百岳……文字形容的感动”，这段语意需要再整理。

②“希望自己不是只会用华丽词藻……不要成为只是讲着一口好酒的人”，这段要总结这三瓶酒带来的感悟，提醒读者重点，才能用最后一段强力收尾。

让专业简单、有趣与有深度，是本书想传达的核心想法。就像这位学员说的：“不要只会用华丽词藻、虚无空泛的文字，而是能真正分享自己的实际感受，让大家了解到葡萄酒的好。”仔细比较两个版本的差异，以及解说框内标出的建议，勤加练习，就能让自己的专业被更多人看到。

修正版

葡萄酒不只是酒，葡萄酒教我的三堂课

“这葡萄酒怎么这么难喝啊！”“对啊，酸酸涩涩的，不顺口。”隔壁亲戚讨论着圆桌上的葡萄酒，一脸嫌弃地放下酒杯。

我从没想过自己会踏入葡萄酒行业，更没想到学习过程带给我这么多的反思。

我原本从事医院评鉴的行政工作，这个工作比较少接触到人，我想换到能与更多人交流互动的行业，为自己的生命带来更多温度。于是我决定换到非常陌生的葡萄酒公司，担任客服工作，向顾客推广葡萄酒，解答各种问题。

原标题太平淡，跟读者没有联结，要找出有力的一句话传达主旨

补充作者背景和为何要学习葡萄酒专业知识，有了脉络读者才能理解

第一课　丽丝玲白酒：学习感受葡萄酒的本质，不被光鲜亮丽的外在迷惑

要推广葡萄酒，就得先学习复杂的葡萄酒专业知识。白葡萄品种、红葡萄品种、香槟用的品种、产区的名字、各种天气对葡萄的影响、有没有河、有没有山、有没有靠着海边、适合的纬度在几度，这些东西都在我们的脑子里搅成乱麻。

眼前，老师给了一杯来自昆斯特乐酒庄的丽丝玲白酒，要我们推测它的风味。

大家一脸呆滞，看着亮晃晃的酒杯和清澈的葡萄酒，再看着酒瓶上的酒标，没有人能说个所以然。这酒来自德国一个很有名的酒庄，但没喝过怎么知道味道？

老师提了一个问题：“你们知道葡萄是一种水果吗？”

葡萄是一种水果，所以用吃水果的常识以及生长的风土特性，最容易理解。冷的地方，很难熟、比较酸、会有一点草味；炎热的地方，易熟、酸度低、甜度高，可以酿出果味丰富的酒。

重写鱼头句，拉出重点，整理这段的意义

小标题写出酒名与学习的内容，让读者一看就懂

重新整理鱼头句，让整段意思更清楚

换个角度思考，果然就能感受丰富的风味。我可以尝到干净的柑橘味，加上明显的酸度，还带点蔬菜叶子的香气。就像没熟透的桃子，味道比较酸，如果是我吃到这颗桃子，一定会说这是比较凉的地方种出来的。

吃水果时都了解这些道理，为什么到了葡萄酒就无法联想？

葡萄酒总是给人距离感。有高价格、穿西装的侍酒师、法国餐厅、高脚杯这些印象，但说到底不过是一种水果酿的酒。

我体悟到，我们常常被这些外在的包装影响，却忽略真正的意涵。就像LV包包原本是一个装东西的袋子，貂毛大衣就是一件保暖的衣服。

这是我从葡萄酒学到的第一课，要去感受本质，而不是外在包装与价格。我们时常忘了东西的本质，只用光鲜亮丽的外在、价格去衡量，沉溺在比较的漩涡中，就不是真正在品酒了。

修饰了之前过于口语化的表述

用鱼头句强调这瓶酒让我学到的第一课

第二课　雪莉酒：可以主观，但不要有偏见

第一课告诉我，要感受本质，不要被包装迷惑，然而喜好是非常主观的一件事，我就非常讨厌雪莉酒的味道。

第一次喝到卢士涛酒庄的普埃尔托菲诺雪莉酒，只能用惊恐来形容，有海边鱼市场的味道，喝起来还咸咸的，这东西到底哪里好喝？

很多人听过雪莉桶威士忌，但很少有人知道雪莉酒也是一种葡萄酒。其中一种做法，是将酒酿好之后，让表面长出酵母，减少接触空气被氧化的状况，增加雪莉酒特有的风味。

为什么要选这瓶有怪味道的酒？在课堂上，我坚持不想喝眼前的雪莉酒，但其他同学都喝了，还是意思意思一下吧。

哇！出乎我的意料，完全不一样的风味，竟是我非常喜爱的葡萄干甜甜的香气。这次老师给我们的是PX雪莉酒，先将葡萄酒曝晒浓缩，达到高甜度的甜点酒。

加入这个字眼，凸显意外惊奇感

调整段落：上一段提到讨厌雪莉酒的味道，这一段就要说明，不能等到下一段

增加这句话，并用疑问开场，增加情绪渲染，让读者感同身受

精炼小标题

完全不同的做法，只是有一样的名字。这次的学习让我发现，因为不了解，所以排斥、有偏见，这不就是我们常犯的错误吗？

就像各式各样的歧视。从种族、职业、性别、财富……因为有刻板印象，人们对外籍劳工露出厌恶的表情；因为不了解，社会对于第三性别、同性恋，甚至左撇子都有刻板印象。这样，真的公平吗？

怪味道的雪莉酒，其实也有不同的滋味感受，我不应该先入为主，这是我学到的第二课。

第三课　波尔多佳酿：攀登百岳的壮丽感受

在一次机缘下，与爸妈一同去露营，爸爸的朋友知道我正在学习葡萄酒，因此特意带来一款让我尝尝。

一看到酒标，我认出是波尔多二级酒庄、杜库布卡一军红酒。2009年的波尔多年份上好，一瓶要价上万元，真的不是随便就喝得到。

增加这段当第二课的总结，并开启第三课

将红酒与攀登百岳相联结，产生画面感

原版本的逻辑跳太快，跟前一段没有衔接。此处把上一段最后一句话调整到这段，变成鱼头句，读者便明白重点是同名但做法不同的雪莉酒在喝下去前，我对这瓶酒的了解，仅止于那些广告文字及课本上的介绍。

波尔多产区分级制度有五级，这个酒庄仅次于最有名的一级酒庄五大堡，是受到规范认可的酒庄。2009年是近年来最好的年份之一，天气及采收都在最佳状况；波尔多的酒款基本上都需要时间陈放，已经放了9年应该相当合适，而且国际酒评家也认为这款酒正值最佳试饮期。

在露营地，没有专业的酒杯、没有完美的温度、没有完整的醒酒过程，但喝下去的那一刻，突然了解了好多东西。

再多的文字，都不如这一口酒。细致如丝绸的口感，清新淡雅的莓果香气，其中再带出玫瑰花香，有厚度却没有负担，一切就是这么刚刚好。

就像第一次登上百岳看到的美景，这是无法用照片和文字形容的感动。

不是因为要价上万元才好喝，也不是因为广告文字告诉我的味道，而是放下一切外在形式，用自己的感官单纯感受到了红酒的本质。

> 增加这段当第三课的总结，提醒读者重点，才能用最后一段强力收尾

从丽丝玲白酒、雪莉酒到波尔多万元佳酿，我学到了品酒的三堂课：认识本质、不要被偏见影响，以及运用自己的感官。

我希望自己不是只会用华丽词藻、虚无空泛的文字，而是能真正分享自己的实际感受，让大家了解到葡萄酒的好，不要成为只是讲着一口好酒的人。

拿起圆桌上的酒杯，真的不太好喝。不过我欣然接受这就是一款红酒，就像第一次认识的朋友。

写结论前，再次强调这三堂课的学习

两段合并在一起，语气才连贯

回顾与练习

这堂课讨论运用写作力呈现自己的专业。通过学员版跟修正版的分析与比较，让读者了解一篇表达自己专业的文章，从主题设定，一直到结论、写标题的写作流程。

通过文字展现专业时，要经常提醒自己：我写的专业内容或专业术语，读者看得懂吗？要举什么他们能理解的例子，如何将生硬的专业变成柔软好入口的内容？

◢ 练习

呈现专业的精准写作：运用这堂课的流程，写出关于自己专业或销售商品的文章。也可加入上一堂课的采访技巧，设想自己采访自己、描写自己的专业，要如何进行。进行从ROA到标题力的一连串构思、画出金字塔结构，并写成1500字左右的文章。

第18课

企业个案篇（一）
建立沟通、写出价值的精准写作

我坐在狭小的会议室里，聆听四位银行商品部主管的困扰。他们各自负责销售保险、存款与投资商品，企划人员经常要写新闻稿给媒体、理财专员，传达产品特色与投资理财观念，但是效果往往有限。不是媒体不发稿，就是改写刊登后的内容不如预期，不然就是理财专员无法简要说明，让客户理解。

我原本是受邀来为他们讲授商品文案写作，在课前沟通的讨论之中，我意外发现：这几位主管的最大痛点是写新闻稿。仔细了解之后，这些商品企划人员想学的写作，其实就是将商品特色、理财观念与市场趋势，整合成一篇精准传达重点、不超过1000字的文章，让读者能理解，并达到促成销售的目的。

过去他们的工作流程是，企划人员写完新闻稿，先交给公关部门核定，再转发给媒体。但现在理财信息庞大，沟通平台也不限于传统媒体，企划人员每天的发稿量变大，工作压力更大。“现在还要运营官网跟脸书，直接跟大众沟通。”主管很苦恼，“我们每天加班到10点，还是无法解决这些沟通营销的问题。”

了解他们的实际问题之后，我把写作课程分为两阶段：我先教授基础的金字塔结构与鱼骨写作法，再教轻薄短小的商品文案写作。我认为，企划人员先具有长文写作基础，才能将复杂的金融商品、理财观念转换成简洁具体的文章，也才能应对每天大量产出的压力。

企业写作的三大痛点

这家银行是由内部企划人员撰稿，但不少企业选择将写作外包，委托给公关公司或找写手协助。然而，企业简介往往有着太多空泛、抽象、不精确的字句，不仅读者无法理解与联想，员工本身也不一定了解。在我看来，这类简介陷入了“知识的诅咒”，造成自说自话，无法对外有效沟通的问题。

事实上，企业也需要具备写作基础与认知。全球知名企业中，就有两位知名的首席执行官每年亲自执笔，向大众传达他们的经营理念、愿景与趋势看法，一字一句都受到注目与解读。一位是投资大师、伯克希尔·哈撒韦投资公司董事长兼首席执行官沃伦·巴菲特，另一位是亚马逊首席执行官杰夫·贝索斯，他们每年都会写一封致股东的公开信。

从这些信件内容来看，他们都是采取鱼骨写作法，也就是每段都有重点摘要的鱼头句，以及有逻辑、清楚的内容，加上明确的结论。尽管这些信件都是长篇文章，他们却能通过清晰的思考和简洁的写作结构，传达明确的想法，让外界得以引述与分析。

根据担任企业顾问以及指导媒体、企业写作技能的经验，我归纳企业写作有三个需要克服的痛点：缺乏核心思想（what）、读者思维（why）与写作技术（how）。

■　缺乏核心思想

核心思想是企业本身的目标、价值观，以及跨部门共识，关系到观点力。如果只是企业老板、主管的要求，没有通过部门内、跨部门的讨论，建立清楚具体的共识，产品内容很容易就各说各话，各自揣摩目标与重点，写出来的内容就不一定符合企业目标，效果也会打折扣。

例如这家银行的新闻稿，有一篇想表达即将退休的群体要有稳健的理财观，但其中却突然插入一段儿童理财的商品介绍。塞入与主题无关的产品信息，非但没有效果，反而徒增读者的困扰。

我向银行主管说明，金字塔结构只要强调三个重点，读者就能清楚了解，企划人员也可以仔细发挥，不会增加阅读与写作负担。但主管无奈回答，高层主管喜欢强调很多重点，他们只能照办，塞入更多信息，让文章看起来很丰富。

这就容易陷入没有换位思考的“知识诅咒”陷阱，想传达给读者很多，却忽略读者的注意力与记忆力有限。第12课乔布斯与广告公司的争论，就是最好的例证。“你要人们注意的事情越多，他们记得的事情就越少。”

■ 缺乏读者思维

这个问题也联结到企业写作的第二个痛点，缺乏读者/用户思维。企业习惯产品思考，我们开发、推出什么产品，再通过营销或企划部门写文章推销给读者，却忽略了“这是顾客想要的产品吗”。

第2课提到要成为厉害的服务业，就要做到三件事：符合顾客的期待、解决他们的问题与制造意外的惊喜。亚马逊就是一个颠覆用户思考的超级服务业公司，杰夫·贝索斯有强烈的以顾客为中心的价值观，这也反映在了他的写作上，因此被誉为“亚马逊首席写作师”。

■ 缺乏写作技术

不论是将写作任务外包给合作的写手，还是由内部的企划人员执笔，企业与写作者双方对于写作必须要有一定的共识：不求辞藻的精美，而要做到有逻辑、具体且简洁的表达。对主题力、观点力、结构力（重点力与情节力）、开场力、结论力与标题力都有基础认识，对内对外才能有效沟通。

根据我的经验与观察，大部分企业经常将文章改来改去，问题往往在企业本身没有核心思想、观点不清楚，没有清楚的ROA思考，导致反反复复，最后又回到企业写作的恶性循环。

企业写作个案一：建立核心思想与论述

企业的精准写作，不能把写作当成下游，以为只需要找个会写作的人，能写出美文就好。写作不是靠手脚出力，构思的大脑才是品牌策略的源头。

对企业来说，写作就是企划。写作从开头的企划就要参与，列入营销策略的一环，从一年、一季、一个月、一周，甚至每天，建立完整的沟通蓝图。这个目的是精确传达企业的抽象想法，让读者产生具体感受与认知，进而产生改变的行动。

在品牌建立、产品开发的过程中，需要拥有精准写作的思维。我以自己曾担任外商直销公司的品牌顾问为例，分享如何从品牌定位、建立中心思想，写出完整论述文章，一直到最后撰写广告营销文案的过程。

我先跟总经理讨论她对新品牌的想法、遇到的痛点，以及对市场趋势的观察。这家公司希望把年轻上班族加入直销行列，但年轻人担心创业初期风险高、压力大，所以会在转岗上有迟疑。于是，他们提出年轻人可用兼职的方式，利用下班空档从事直销工作，也开发简单好入手的直销产品包，帮助他们销售。

我先了解完整脉络与需求之后，再将公司相关文案、调查报告、产品说明与新闻稿重新整理消化，找出可以提炼的重点与素材。

但还差一个核心观点。就像金字塔结构一样，有了核心观点，才能针对潜在顾客的需求与痛点，找出支撑的重点以及相应的情节，例如简易产品包、产品说明以及其他相关的内容。

我左思右想，刚好看到《不离职创业》这本书，书上提到“兼职创业”的概念，很符合直销公司的诉求，年轻人也容易理解。我运用这个观点，把相关调查报告重新改写、调整顺序。

第一个重点是台湾目前创业的矛盾现象。七成的台湾人想创业，但只有三成的人有决心。想创业，又不敢创业，这是台湾目前创业的矛盾现象。

第二个重点是，兼职创业是弹性思维与工作组合的概念。好处在于，景气好的时候，会带来更多改变的机会；万一景气不佳，兼职创业就像一份保单，具有保险的功能。

第三个重点是，通过直销业来培养创业能力，是最简单、最有效益的方式。除了有好的报酬，还能学到业务力、沟通力与领导力，增加转型与自我探索的机会。

在直销业之中，这家外商公司推动兼职创业计划有三个优势。包括：①风险低，不需要创业资金；②没有囤货压力；③自己选择投入的时间与方式。

接下来我从公司原本的制度中，拉出三个呼应兼职创业的特色。包括公平的奖金制度，提供完善创业保障；精选符合消费者需求的简易入门产品；以及有系统的教育训练，让创业有步骤与方法。

在3000字的完整论述下，传达从市场趋势到公司计划的内容，经过总部讨论之后，确认“兼职创业”是整体诉求。我再跟品牌部门讨论，找出最核心的内容，精简为700字，作为跨部门开会沟通的共识，根据这个共识制定营销方案、教育训练与产品组合的内容。

有了论述基础与共识，再进行文案包装。我从700字的内容，再浓缩、改写为广告折页、海报文案。例如诉求三大重点：①生活消费：天然、质量、很安心；②兼职创业：自由、公平、新机会；③学习成长：专业、步骤、有方法。不论重点或细节说明，都是三个重点，文字诉求简单清楚。

从3000字论述，到700字精简文稿，一直到文案标语，都是紧扣“兼职创业”的核心观点，广告公司再根据这些内容写成官网与脸书的文案，便能持续对外沟通。

在这个过程中，我运用了精准写作的ROA思考与写作流程，同时站在公司与读者角度，与总经理、产品部门与公关营销部门密切讨论，确定共识，再进行细节讨论，让新品牌计划顺利运作。

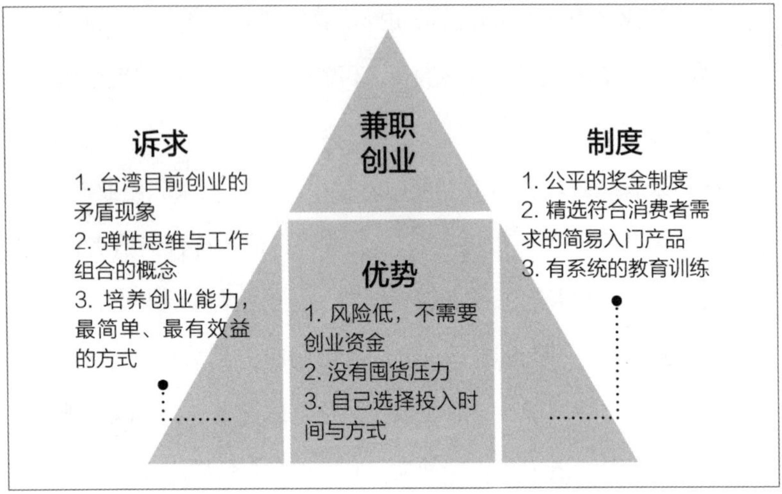

图18-1　兼职创业的金字塔结构

企业写作个案二：如何为集团企业规划纪念刊物

一家成立60年的集团企业，横跨10大产业，旗下拥有200多家公司，要编一本纪念刊物，该如何对外传达这60年的内容，让读者深入了解？

这是一个大难题。当时我担任媒体的创意总监，业务部主管接到这家集团来电，希望我们协助提出60年纪念刊物规划案，我们决定先了解顾客需求。

坐在豪华的总部办公室，白发苍苍的副总经理一脸焦虑。这个集团横跨水泥、石化、航运、银行、电信、百货、纺织、饭店、医院与大学诸多行业，加上60年历史、200多家公司，实在很难用一本刊物贯穿整个集团多元复杂的内容。内容太复杂了，加上董事长的想法一直转换，媒体提案的内容也没有太多新意，导致刊物计划一直延期。

我询问其他媒体的提案内容，是不是每个产业写一章，10大产业写10章，加上大事纪，刊物最前头放图片。副总猛点头，频频说："你怎么知道？"我笑着回答，因为集团太大了，这是最简单直接的方式。

我当下也没有想法。我问副总，"你们想要司马光的编年史，还是司马迁的纪传体？"意思是依照集团发展历史来写，还是根据主题来写？副总回答，编年史太无趣了，希望按照主题来贯穿集团内容。

我又问了最重要的ROA问题。这本纪念刊物想给谁看？目的是什么？是集团员工自己看，还是给非集团的读者？副总回答，希望给集团外的人看，让各大公司、投资法人、政府官员认识整个集团，产生认同感。

我们离开前，副总提醒，编辑委员是由200多个公司选出的40位高管担任，他们希望每个公司都能在刊物中扮演重要角色，不能遗漏一家或偏重其中一家。

这个任务太艰巨了，我私下跟业务主管说，不要接这个烫手山芋。我在回家路上边走边想，这个60年老牌企业集团，一定要每个产业、每家企业巨细靡遗地介绍吗？这样读者是不会有兴趣的。

要如何呈现才有趣？我回想在时尚杂志《GQ》工作的经验。每年都会有"Best 100"或"年度A~Z"，介绍整年最精彩美好的人、事、物，先建立标准与限制，编辑再根据分类列出名单，逐一讨论；确认名单之后，才开始拍摄与撰稿。

这些企划让我联想到这家集团的纪念刊物。我灵光乍现，这个集团的Best是什么？要如何跟读者有关？我先思考集团目的，应该就是希望产生影响力，让读者知道它们对台湾的影响。

我尝试借着精准写作的流程，来呈现提案计划的构思过程：

精准写作 · 定位策略流程图

如何为集团企业规划纪念刊物

ROA	读者（R）➤ 目的（O）➤ 行动（A） 集团外的人 ➤ 让各大公司、投资法人、政府官员认识整个集团 ➤ 产生认同感
主题力	主题定位在普遍、新奇的第一模式 ➤ 集团对台湾产生重要影响、读者熟悉的大事件
观点力	集团庆祝60年历史，“60”是关键词 ➤ 让读者了解集团60年来，对台湾产生的60个影响力
结构力	支撑结构的三重点 ➤ ① 薪传 ② 影响 ③ 未来
情节力	每个影响力只用两页呈现 ➤ 主图＋300字的脉络与重点
标题力	“××60，影响60”

主题力：跨10大产业、200多家公司、60年历史的集团，必须要有一个可以对外沟通的主题，体现对台湾的影响力。主题聚焦到第一模式，跟他人、整体社会有关的重要外在大事件，读者才会有兴趣。于是我把主题定位在普遍、新奇的第一模式，这是找出读者比较熟悉、有趣，也是集团对台湾产生重要影响的事件。

观点力：影响力要如何聚焦？不能无边无际，我想起这个集团要庆祝60年历史，“60”是个关键词。观点就确定为让读者了解集团60年来，对台湾产生的60个影响力。

结构力：结构力分两部分，一个是纪念刊物的结构，另外是60个影响力的数量庞大，要用结构来分类，才能有条理地支撑这本刊物。

先思考整本刊物的结构。要展现60年的辉煌历史，又要满足集团董事长的需求，将过去、现在与未来串起来，不只谈过去的丰功伟业，又要让读者想深入了解。我用时间轴结构贯穿整本刊物，包括薪传、影响与未来。

薪传：撰写第一代创办人与第二代董事长的故事、经营心得，传达薪传的意义，并放入集团的大事纪与图片。

影响：影响是这本刊物的重点，让读者了解集团10大产业、200多家企业的特色。该如何架构这60个影响力？我认为应该要有6个主题重点，每个重点有10个影响力。这6个主题要够宏观有力量，不能只集中在经济上，要涵盖集团的特色与期待。

我最后定为经济、企业经营、企业社会责任、文化、生活美学与创新，用这6个主题去涵盖集团产业与旗下公司。

未来：让集团10多个主要公司的总经理谈他们未来的经营想法。

情节力：想好结构，接下来是如何呈现。因为产业众多、公司数量庞大，一本刊物不可能面面俱到，要如何呈现集团特色，又吸引读者？我用过去在时尚杂志以及编辑《三一九乡特刊》的视觉导向经验，提出版型规划，每个影响力只用两页呈现，一页主图，另一页只用300字写出脉络与重点，最后10多位专业经理人的访问，也只用两页，搭配人物照片与文字。

标题力：提出的刊物名称“××60，影响60”。

图18-2　纪念刊物的时间轴结构

我把整个提案想好，做了版型参考，写成提案简报，包括文字编辑、艺术指导与摄影团队，并提出整体预算，没想到马上就被副总经理接受，后来我再把提案报给董事长，15分钟之内就顺利通过。

接下来才是大难题，那就是要怎么提炼60个影响力。因为要让200多家公司参与，我把6个主题，即经济、企业经营、企业社会责任、文化、生活美学与创新做成表格，对每家公司进行思考讨论后，再填在表格上。汇整之后，我再从读者角度与编辑委员沟通，确认60个影响力的主题与内容。

确认大方向与影响力的具体内容后，接下来就是执行细节。我带领采访小组、摄影师与美术设计，开始进行采访写作、拍摄与版型设计。

顺利完成刊物之后，又意外接到集团另一个项目小组的委托。这次是60周年庆祝活动的需求，在会议上，我了解到这个项目小组要在大型体育馆举办庆祝活动，发动2000位员工参与。由于整体活动规划都是由外商公关公司负责，我好奇我们要扮演什么角色。

小组负责人说，他们希望在进入体育馆之前，有一个时光走廊帐篷，将6个主题、各10个影响力的内容，制作成影片，让员工可以快速了解集团60年的历史，希望我们可以负责文案与影片制作。“因为你们是这本刊物的灵魂，最懂内容。”我们接下这个项目，也顺利完成。

这已经是10多年前的事了。刊物完成两个月后，我就离开了当时的媒体，加上编辑团队没有在刊物上挂名，所以并不知道这本刊物的后续反应。多年后，这家集团再度找我协助高管演说培训，提到这本刊物因为持续被各大公司索求，不断加印。没想到，这本刊物成为企业界学习如何制作企业刊物的模板。

我还记得当时在40多位编辑委员的会议上，站起来回答各种疑问、沟通说服的过程。我必须兼顾企业客户的需求与读者角度，并维持写作与编辑的专业，守住大方向，顶多在细枝末节（例如照片拍摄角度、文字修饰）上让步。

这是我参与企业写作学到的最有价值的经验。先建立核心思想，拥有读者思维，彻底执行精准写作的技术，就能写出企业的价值，做好沟通。

回顾与练习

这堂课谈企业写作对外沟通的三大痛点：缺乏核心思想、读者思维与写作技术，通过两个案例来讨论，如何从头到尾将写作视为工作流程的上游，把复杂抽象的想法转化成有效沟通的内容。

◢ 练习

企业需求撰稿：如果你接到企业指派的写作项目，例如撰写品牌形象、招募或商品销售的文稿，请你练习从ROA、主题力到标题力的一连串构思，提出你的写作计划。

第 19 课

企业个案篇（二）用精准写作创造竞争力

也许你没想过，亚马逊的竞争优势是写作。杰夫·贝索斯在企业内部有两个坚持，一是有效率的内部沟通，二是站在顾客角度思考，两者都在凸显写作的重要性。

杰夫·贝索斯曾在2004年的内部沟通邮件中写到，PPT的信息有限，对报告人很方便，却让听者不易理解；如果改变形式，用6页以内，有结构、叙事清楚的备忘录来做报告，会迫使报告人作出清晰深入的思考，用完整方式表达自己的思想。

杰夫·贝索斯还进一步规定了报告的写法。每次亚马逊发布新产品，杰夫·贝索斯都要求员工的写作比照新闻稿规格，从顾客观点出发，反推如何呈现产品精华。杰夫·贝索斯曾经设想每周发送资讯丰富的电子报给顾客，营销团队提出好几个概念与稿样给他参考，他发觉某个概念还不错，但告诉团队："标题要更简洁有力。有些地方写得不好，如果你是博主，靠这个吃饭，肯定会饿死。"

《一网打尽：贝佐斯与亚马逊时代》指出，确实掌握顾客的需求，精确传达你的想法，做不到这两点的话，不管你打算推出什么服务或产品，都无法作出最好的决策。

挖掘"内隐知识"，建立创新力

写作只是过程，目的是清晰地思考，有条理地呈现，先让内部沟通顺畅、有效整合，然后才能有效对外沟通。

因此，企业如果通过写作力提升思考力与表达力，便能建立有效的内部沟通，完成对外的传达，持续提升企业的竞争力。

我自己担任企业内部培训讲师，就有很深的感触。从事企业培训时，常常在厕所看到许多金句名言，例如："长期成功，来自持续专注于正确的事物上，每天在一些不起眼的小地方作出改进。"我就会问参与其中的高管，这是什么意思？公司内部有什么具体故事可以呈现这个名言吗？大家都笑而不答，因为说不出具体内容，只是一个勉励口号。

其实企业本身有许多精彩的故事和需要省思学习的经验，更有不少动人的妙句名言值得保存流传。我曾负责培训身为企业高管的讲师，发现大家遇到的问题就是学会了说故事技巧，却不知道如何找出自己的故事，只能用以往外部讲师讲授的成语故事、转述的媒体报道故事。因为不够接地气，没有运用与员工切身相关的例子，最终无法提升学习效果。

我运用自己研发的故事九宫格，让小组成员互相采访，将自己的经验，通过有逻辑条理、情节起伏的说故事方式整理出来。我再协助提问、反馈与修正，让故事有完整的人、事、时、地、物脉络，说明当时遭遇的困难，如何解决的过程，寻求哪些协助以及最后的省思，使这些经验成为有血有肉、有深刻内涵的内容。

主管再将这些故事写成教案，内容有前因后果、具体的思考、明确的解决方案，以及事后的学习检讨。我也建议主管通过四处走动、提问与倾听的方式，有系统地搜集、整理具体的故事，变成可以对内沟通与训练的内容。

这些看不见的知识，往往是最重要的创新源头。日本管理学者野中郁次郎称之为“内隐知识”（又称“静默知识”），这与书本、可用文字说明的“外显知识”相对。“外显知识”人人都能掌握，“内隐知识”是当事人通过实作、揣摩所积累的心得与智慧。“内隐知识”只可意会，不易言传，类似闽南语的“眉角”，要有深入互动，类似学徒制的吸收学习，通过细腻的感受、观察与实操，才能深入了解。

“内隐知识”就像一个个隐藏的小数据，这是大数据无法取代的能力，要靠自身努力挖掘，从各种小数据找到突破的机会。因为这些隐藏在工作现场甚至顾客沟通中的内容，都可以被诠释、分析与解读，再转化成具体方案，带来创新机会。

“内隐知识”要运用写作力转化为“外显知识”，才能推广到各个部门，促进学习与交流，产生跨部门整合的创新机会。

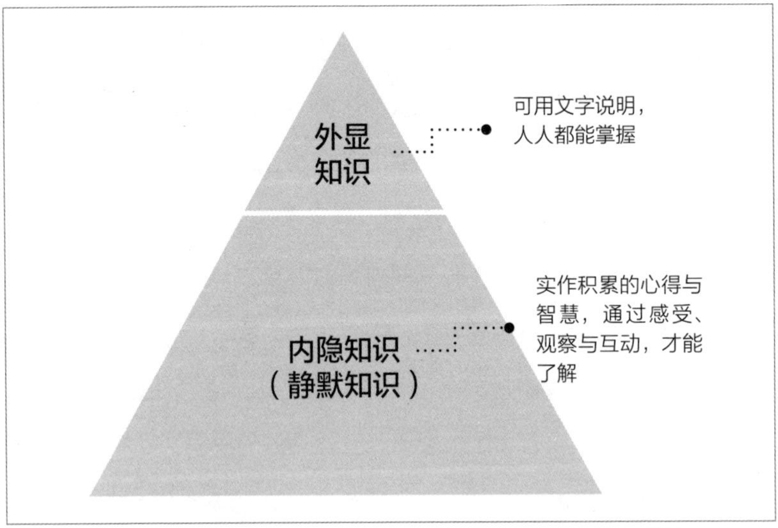

图19-1　内隐知识与外显知识

企业写作个案：找寻发展曲线，建立传承

这要如何进行？我在这里提供一个搜集内隐知识，整理成外显知识，协助企业沟通传承的经验，作为企业应用写作进行内部沟通的参考。

那是一家成立40年、营收10多亿、制造某种五金产品的传统产业公司。10多年前，当我还是财经记者时，曾运用知名管理学家克莱顿·克里斯坦森的“破坏式创新”概念，报道在世界排名第一的台湾中小企业，这家企业就是其中之一。

没想到10多年后，我接到了董事长秘书来电，董事长希望找我聊聊。10多年不见，我也好奇他们的经营状况如何，就答应了这个邀约。交流之后，才知道他们经历了几次国际经济局势的冲击，不断因应调整与创新，依然是世界第一。

面对白发苍苍、近80岁高龄的董事长，我问他现在最关切什么。他回答“传承与接班。”他发现公司经营这么久，员工人数增加、部门增加，孩子也担任副总经理，但是没有一个人能完整了解公司经营的模式，他欣赏我之前以“破坏式创新”的概念分析他们的经营模式，希望我能协助整理40年来的经营历史，找出他们的经营模式，以便传承给接班团队，让他们不用费力重新摸索。

我不确定能否完成这个任务，尤其需要大量采访，了解不同部门的经验、想法，从纷杂的内隐知识，整理出系统性的经营模式，实在是很浩大的工程。在董事长的殷切期盼下，我决定用3个月的时间来完成这个挑战。

我先进行初步采访。请董事长、副总经理、各部门（研发、设计、营销、业务、生产）主管回顾自己在公司的经验，通过发散的采访与搜集资料的过程，逐渐开始聚焦，找出每个阶段的变化，以及不同重大事件的影响。例如发生的外在事件，各部门的经验、立场，定出具体的主题，再深入扩大采访更多人。

以下是运用精准写作的技术，从主题构思、找出金字塔结构到写标题的过程：

主题力：需要找到一个主题架构来驾驭、整理40年的变化。经过初步了解，他们是通过创新带动成长，在不同阶段有不同成长模式，主题就是找寻成长模式的动力。

观点力：我发现英国管理学家查尔斯·汉迪的《第二曲线》很实用，他提到企业发展历程的“S曲线”。一开始的投入阶段，是尝试与试验时期，投入会大于产出。等到产出提升，成果开始显现，成长曲线开始上扬，最后曲线会触及顶峰，开始下滑。

汉迪更强调“第二曲线”的概念。在第一条曲线尚未触顶之前，企业就要展开第二曲线，充分掌握资源，熬过第二曲线刚开始的滑落（也就是投入阶段）。每条新曲线都脱胎于上一条曲线，却又跨足截然不同的市场。

汉迪认为，我们往往被第一曲线的成功蒙蔽，看不到市场的新机会，结果被他人抢占先机。这就是管理学家克莱顿·克里斯坦森强调的“破坏式创新”，当市场龙头、先行者进行改良式、维持型创新，就会忽略其他竞争者打破市场规则的“破坏式创新”，造成后来者居上的颠覆性效果。

我决定将观点聚焦在S成长曲线的创新模式，探索企业如何运用不同阶段的创新特色，带动成长。

结构力：我根据时间轴，通过营收变化、外在事件冲击的交会点，找出三条成长曲线，并根据经营特色赋予意义，包括第一成长曲线——产品力创新、第二成长曲线——多元力创新与第三成长曲线——设计力创新。这三条S曲线，都必须扣连营收衰退与再次提升的变化，并找出带动成长的创新力量。

情节力：找出三条成长曲线之后，接下来是如何呈现内容。考虑到这是给公司内部经理人阅读，过去大家都是站在各个部门的立场，比较缺乏整体观，通过企业发展模式的变化，看到自己忽略的或是更完整的状况，比较能建立更好的跨部门讨论与共识。

在文章内容细节上，必须呈现具体的人、事、时、地、物，从外在大事件的影响，例如环境冲击的危机（911事件、金融风暴），产品研发、业务、营销、制造各部门的因应状况与想法，还有产生的契机等角度，描述来龙去脉、前因后果，将各个面向整理清楚。

标题力：提出标题“打开世界，转动未来——××（企业名）40，创新之路”（使用“转动”一词，是因为这家企业的五金产品跟旋转有关）。

精准写作·定位策略流程图

如何帮企业找出发展曲线

ROA	读者（R）➤ 目的（O）➤ 行动（A） 接班团队 ➤ 找出40年来的经营模式 ➤ 接班团队不需重新摸索，即可上手
主题力	主题定位在找寻成长模式的动力
观点力	S成长曲线的创新模式 ➤ 企业如何运用不同阶段的创新特色 ➤ 带动成长
结构力	找出三条成长曲线 ➤ 产品力创新、多元力创新、设计力创新
情节力	针对以上三个重点 ➤ 搭配具体的人、事、时、地、物，整理出脉络
标题力	“打开世界，转动未来——××（企业名）40，创新之路” ➤ 这家公司的五金商品跟旋转有关，标题配合此特性用了“转动”

将知识系统化与脉络化，才能带动创新

建立整个架构之后，我再逐一访谈，针对同一状况（例如外在大环境冲击、新产品研发、掌握大客户需求或是发现创新机会），询问不同部门的经验与想法。除了校正时空背景，把事情还原清楚之外，我从客观的访谈与写作立场，再解读其中的意义，以及与管理和创新的关联。

以上是针对这家企业的竞争优势进行的整理与分析。这份通过采访、观察与资料分析凝聚的三万字内容，在企业经营上突出了三个重点。

第一，拥有整体观，跨部门产生共识，建立创新机制。他们原本只是单纯的产品力创新，因为要满足许多产业客户的需求，逐渐整合部门资源，进展到多元力创新。最后再从研发导向为主，转成业务、设计、研发与制造相互整合的运作方式，让组织运作更弹性灵活。不只整合产品的研发设计，甚至考虑到制造流程的效率与合格率，连合作的代工厂商的能力，都能积极整合，带来运用设计力的创新。

这份报告为董事长、部门主管提供了一个讨论与学习的基础，除了能够对内整合，并成为教育训练的内容，也是出版40年纪念刊物的基础，能够对外沟通营销。

第二，从客观角度提出观察与建议。我参加他们的月会，发现了一些问题。因为都是由各单位报告，最后由董事长总结，没有引发太多讨论，我就建议由一位主持人来负责引导听者跟讲者有更多交流、提问与互动，思考对其他部门同事的帮助与启发。

这个建议也来自访谈的发现。我听到一个小插曲，就深入追问细节，找出创新的想法。跨部门团队一行10多人，第一次集体去日本东京考察7天，从不同角度进行观察与讨论，这是过去没有的经验，激发了很多创新想法。我就建议将见学之旅制度化，定期进行国外考察旅行，并举行工作坊讨论交流，将见闻心得写成研究报告，让更多人交流与参考。

第三，企业内部的知识必须被“系统化”与“脉络化”。企业的创新知识往往很难被系统化，问题在于跨部门的交流有限，经常忙于各个案子，就会忽略通过写作整理过程与经验。

如果没有将每个产品的创新过程，包括思考、研发、测试、调整、客户的问题与需求、市场反应与反馈的内容，有系统地整理出来，后续参与的新人、其他不了解的项目团队，就必须重新开始，造成时间与资源的浪费。

我在访谈中发现，设计部门就有将创意系统化与脉络化的制度。他们对于脑力激荡的成果，会固定写成设计公报，并鼓励每个人设定自我开发的目标，例如一年要提出一两个、不是业务或客人提出需求的新产品，而是自主开发，可能实现的创新产品。但是这个制度没有扩展到其他部门，我建议公司学习设计部，将知识系统化与脉络化推广到其他部门。

尽管梳理出了40年的三条成长曲线，但团队更为关心的是，下一条成长曲线在哪里？

我认为，过去是靠业务、研发、制造与设计打下三条成长曲线，但是由于企业从事传统产业，相对知名度不够高，不属于一般年轻人所向往的高科技产业，目前遇到人才招募不易的压力，很难让外界知道他们的竞争优势。

我建议公司将三条成长曲线的创新能力、主要产品与特色故事，放在自己的网站或以其他方式增加曝光，有效吸引年轻人才加入，创造下一条成长曲线。

最后，再回到写作如何创造企业竞争力的课题。人类学家、美国《金融时报》主编吉莲·邰蒂从人类学角度思考了为什么企业、政府部门、各种团队具有本位主义思想、缺乏创新精神，看不到风险与机会，她称这种筑高墙、小圈圈的现象是“谷仓效应”。

要如何破除“谷仓效应”？她在《边界》这本书中建议，利用跨部门合作项目计划的机会，让人员交流、信息流通；或是安排游走于不同谷仓部门的“文化译者”，让谷仓成员了解外界想法，作出刻意的改变，有助于激发创新、带来宽广视野。

“文化译者”像个企业内的客观的人类学家，通过观察、访谈与写作，把各部门未曾交流的珍贵信息、内隐知识，互通有无，甚至解读诠释，使之成为更好的创新情报。

我建议企业设立一个专职部门，定期通过访谈、观察与记录整理，将知识与情报通过写作进行系统化和脉络化，创造广泛交流、产生更多创新的可能性。

企业要有顾客思维，通过写作磨炼思考、观察与沟通能力，有脉络与整体格局，再进行有逻辑条理的文字表达，将零散的沉默珍珠雕琢串成项链，让创新之火持续传承。

回顾与练习

这堂课谈企业如何运用写作、访谈与观察，促进内部沟通，提升工作效率，以及产生创新的机会。

◢ 练习

简报应用：能否将你的提案或报告先写成一篇6页（3000—5000字）的文章，再写成1页（约600字）的重点摘要。请运用精准写作的技术撰写，写完后再制作成简报，但在开会时先将报告发给与会者阅读，再进行讨论。最后再用PPT呈现几个图片与图表，加深同事印象。

第20课

结　语
刻意练习，写出你的未来

美国开国元勋之一的富兰克林，除了是外交家、科学家与发明家，也是知名的记者与作家。然而他一开始只是印刷厂学徒，在与朋友书信往来争辩想法时，还曾被父亲指出文章说服力不够。

富兰克林并没有因此气馁。虽然没有名师指导，他仍想办法积极提升写作能力。他读到一本18世纪初在英国伦敦流行的杂志《旁观者》，对这个杂志的文章惊叹不已，下定决心要练出这样的好文笔。

他是怎么做的？他先挑自己喜欢、有独特风格的文章，抄写摘要笔记，过几天之后尝试用自己的话复述文章的观点，再跟原文比对，了解自己的疏漏，然后改进。

富兰克林不只重视文字技巧，还持续锻炼写作结构和逻辑表达。他借由阅读《旁观者》的文章，在不同纸条上写下每段的重点提示。接着打乱原来的纸条次序，再运用逻辑思考，重新调整那些混乱的提示纸条。最后参考原文比较结果，作为调整自己思考能力的参考。

富兰克林通过这种有目标的练习，提升了自己的写作能力，也成为美国很知名的作家，甚至开创了美国幽默文学的先河。“这个练习强迫他在写作时谨慎组织思绪，一旦发现思绪整理得不及原文作者，便会修改自己的作品，并从错误中学习。”知名心理学教授安德斯·艾利克森在《刻意练习》中如此描述富兰克林的学习方法。

这是一种有目标、有阶段、拆解成不同能力练习的写作方法。艾利克森认为，不论是运动、钢琴、下棋与写作，还是各种专业技能，都可以通过这种有目标、有反思、跳出自己舒适圈的刻意练习方式，精进自己的能力。

刻意练习，突破舒适圈

如何运用刻意练习的方式来提升写作能力？首先要说明什么是刻意练习，这跟一般练习有什么差异。

艾利克森反对“天才既定说”。他认为大脑具有无穷的适应与发展潜力，只要投入足够的时间，通过有目标、正确方法的持续练习，就能有所进步。

他强调，这种刻意练习有别于一般惯性的做法，不是熟练而已，而是在每个阶段设定目标，逼迫自己跳出习惯的舒适圈，在关键细节上逐步精进，让我们的大脑认知产生结构性变化，借此重塑神经网络，让认知与能力相互配合成长。

艾利克森运用“心智表征”的概念，传达刻意练习带来的效果。他解释，心智表征就是大脑心智处理信息的能力，能够发现看似混乱的表象信息背后的意义与模式，接着通过理解、诠释、存入记忆、组织、分析，最后作出决定。比如，高手级的棋士看棋盘上的棋子位置，就能看出不同模式，以及有哪些因应方式，然而一般棋手可能只是看出几个棋子的走势，无法看到更深远的布局。

《刻意练习》强调，心智表征也类似本书提出的“脉络思考”，指能从混乱信息中找出脉络的能力。因此，高手与一般人的差异在于，前者见林，后者只见树。想要跃上自身专业领域的巅峰，这些高阶能力是不可或缺的。

写作也能帮助建立心智表征。艾利克森认为，一般的写作都是“知识陈述”，想到什么就写什么，再把想法松散地组织起来，开头有引言，文章有结论，这个结果只是把脑袋中的想法全部告诉读者。

艾利克森对于写作的刻意练习，也类似本书提出的“ROA”思考术。他认为专业写作者在写作前，会站在读者立场思考，读者希望获得什么？有哪些重要想法值得分享，读者能得到什么改变？就此来建立写作目标、赋予任务，然后再逐步琢磨文章整体结构与逻辑、每个环节的重点，彼此的关联是什么。

他以《刻意练习》来说明如何建立自己的心智表征。他对出版经纪人提案时，经纪人不了解什么是刻意练习，这跟其他练习有什么差异。艾利克森就反向思考如何呈现“刻意练习”的内容与特色。

他发现《刻意练习》这本书的观点，在于通过刻意练习建立一个新的、完善的心智表征，心智表征反过来就能有效提升个人的外在技能。通过反复思索的过程，艾利克森对刻意练习的概念又有了新的理解，进而帮助他提升写作能力。相对于“知识陈述”，他认为这个写作过程是“知识转化”，因为能够改变、增加作者的知识与能力。

艾利克森跟富兰克林一样，有意识地监督自己的学习过程，找出问题，并提出解决之道，持续调整精进，扩大心智表征的能力。

学好写作，需要分拆练习

我们再回到这本书的课程设计。我扮演读者的写作教练角色。先把写作能力拆解，每一堂课都有一个目标与主题，并通过刻意练习的方式，有阶段、有步骤、有目标地逐层练习，逐步强化写作者的写作能力，以及相对应的心智表征。

比如，写作第一步不是写作，而是思考写作策略。先确定读者是谁，写作的目的，以及期待读者看完文章之后的行动。如果没有这个换位思考的构思，会不知道沟通对象以及读者的需求与感受，写出来的文章就没有目标与方向，白费力气。

第一步掌握策略大方向，第二步才是由上而下主题力、重点力与情节力的思考布局。先用构思主题与聚焦主题找到主题定位之后，接着要反问自己，写作主题要呈现什么重点？并运用鱼骨写作法，练习培养自己的段落思考。有了这些基础，才能运用金字塔结构，打好文章的地基，并将相关数据、引述、细节铺陈清楚。

有了基础能力，我们才能再往进阶能力迈进。先培养观点力，能运用一句话传达自己的想法，然后才是练习写标题。这些能力都具备了，我们再精进开场力与结论力，完成写作的基本功。

这个课程内容，也是我经过三阶段写作教学的刻意练习之后，反思修正所萃取出来的方法。第一阶段，我开了13期的“深页十堂写作课”公开班，以及好几个媒体的写作培训课程，每次的教学、实操与学员的课程表现、课后作业的修改，都是一种反馈与收获，帮助我持续修正、强化与精进课程内容。

第二阶段，我开了在线写作课程，因为要跟原本实体写作课相区别，迫使我将原本的写作课程精炼与浓缩，每堂课只有20分钟的时间，要讲清楚主题、重点，以及运用视觉表现，简单具体地传达给在线课程的学员，我必须增加更新、更快速实用的方法。

第三阶段，从实体与在线课程的口语传达内容，变成以文字传达内容，更是一个大工程。除了要跟两种课程有所区别，还得重新设定“ROA”，因为对学习者来说，现场互动、在线呈现与阅读思考，三者是完全不同的沟通界面，需求也不大相同。书本阅读者能够反复阅读与思索，我在写作上就更重视逻辑表达与思考。

这本书构思与写作的时间比教公开班和录制在线课程的时间还长，写作过程还跟编辑来回沟通讨论很久，才最终定稿。奇妙的是，写书过程中，又反馈到我的现场教学内容，让学员的学习与实操更简单具体。例如增加开场力、结论力的模块，帮助学员调整自己的写作内容，马上就能看到改变的成果，增加学习信心。

运用写作力，建立自己的作业系统

通过写作建立属于自己的心智表征，其实也就是建立自己的作业系统，并把它运用到不同职场与行业中。这种练习有三个学习重点：第一，写作要深思熟虑，知道对谁沟通，追求更快、更有效率。第二，阅读要掌握重点。大家阅读书籍文章、新闻、各种信息，要知道重点与意义，对于冗言赘语、逻辑不通的内容，能用逻辑思辨找出问题。第三，表达要精准。大家要清楚地说出重点，并举出有力的例证、故事来说明。

其实就是先了解他人需求，做好自我定位，接着运用逻辑思考化繁为简、掌握重点，最后是挑选细节与例证，精准传达，达到沟通与说服的效果。

我有一位学生是初中生物老师，他养成了持续撰写文章的习惯，用写作力的训练改变了自己的沟通与思考模式，甚至还将重点力的练习运用在了教学上。

以前想讲的重点有很多，现在他会先想清楚对象是谁，要讲什么主题，有几个重点，补充哪些细节，最后要把结论说清楚。

在教学上，他会把给学生阅读的文章删去原有的标题，请学生分组讨论，重新找重点，写标题，这样让学生更投入，进一步自行构思很多有趣贴切的标题。“学会阅读，才能看懂题目”。这位老师说，“多练习从段落中抓重点的技巧，对他们未来很有用。”

未来，一直在我们眼前。这本书像一个督促大家向前进击的教练，不是读完就好，而是要带着它持续精进练习。

回顾与练习

这堂课强调刻意练习的重要性。你就是自己的写作教练，要分阶段建立学习目标，有意识地修正与调整，突破原有的舒适圈，精进写作能力。

◢ 练习

完整应用精准写作：从自定主题、用一句话说出观点、建立结构，到厘清重点、挑选关键细节，以及思考开场与结论如何写，最后为这篇文章确定一个精彩动人的标题。